Letter.

18

FOR READERS

每一步都算數

依稀記得，初次進入漫畫網咖店，點杯紅茶，一屁股坐下便是天光由亮到暗的魔幻記憶，那是食衣住行仍明辨的年代，第一次感受到「複合」的驚奇。

想想，這種結合兩種或以上事物的複合魔法，在商業思考的推波助瀾下，實則在打造生而為人的體驗極限和生活方式，百貨公司裡出現籃球場、品牌服飾店可玩拍貼喝茶點、麻辣火鍋店推出文創商品，種種更精巧、便利、體貼的手法，一層層刷新消費感官。

而在連看劇都要1.5倍速的當代，商業複合手法早已翻過高牆、體驗極限已現疲軟，但如果把複合的眼光，轉移至生活和理念，會不會也是種方法？當意識到此，那些在鄉村地方舉辦的有趣活動、在省道旁與周邊地景不太一樣的空間，瞬時明亮了起來——原來那都是複合的方法，方法背後他們想要傳達的是什麼？深層的目標又是什麼？

確立目標，展現於外的行動才有意義，不致為了聲量、人次而眩目迷失，也才能讓複合成為助力。很喜歡這期對談者說的話，「不管你做了什麼事情，它有沒有效果，成功或失敗，都很難定義。因為目標一直在那邊，所以你的每一步自然都會算數。」

一面往理想的道路前進，一面想方設法活下去，這樣每一步自然都算數。

FOR READERS

FOR READERS

地味手帖主編 董淨瑋

地方上的複合式精神

Combine Live and Life

Combine

什麼是複合呢？

「複合式」是個商業用語，
但也是一種在地生活的方式：
長久操持的理念結合新的空間、
傳統本業遇上新的服務，
地方上的複合往往跨領域、
跨團隊甚至跨地域，
撕開既有想像，
不畏懼任何可能性。

Live

他們當中有些面臨事業的低谷，
想搏一把絕處逢生；
有些渴望推展理念的邊界，
展開全新嘗試；
又有些僅僅希望
滿足客人各式各樣的需求，
讓笑容長久停留。

一面創造理想的在地生活、
一面透過多元的經營方式努力生存，
這，就是屬於地方的複合式精神。

and Life

F Combine

複合窗景

Window View

雜貨店

傳統又前衛的人情站

文字——廖貽柔．撕貼畫——陳怡今

「複合式商店」乍聽之下很現代，但仔細想想，這個概念一點也不陌生。像是傳統的雜貨店，就是生活中最淵遠流長的複合。

台語稱作籤仔店（kám-á-tiàm）的它，是每個村庄里都少不了的存在。這兒不只是生活必需品的集散地，也是資訊交換中心，店裡店外的幾張長板凳供居民歇腳兼談天說地，坐上30分鐘，所有重要與不重要的訊息盡在掌握。不只如此，雜貨店還身兼郵政代辦處，可以寄掛號信、寄現金袋、買郵票；就連想聯繫遠方親友，都可以在補給日用品時順便跟老闆借個電話，一解相思。

這樣的複合源自於居民的種種需求，根基為街坊鄰里深厚的情誼，因此雜貨店提供的服務往往既有彈性又人性化。讀作「複合」的字眼在時光下積了層灰，擦亮一瞧，原來寫作「人情」。

iew of combine

複合窗景

參考資料

●陳韋聿，〈很蝦的歷史：臺灣的釣蝦場是怎麼來的？〉，故事 StoryStudio。

Window

釣蝦場

享樂不盡
青春不散

除了被動地滿足需求，複合式也會採取主動出擊，好比在「台灣錢淹跤目」（Tâi-uân tsînn, im kha-bak）的時代，藏身於市郊的釣蝦場釣起的絕不只有蝦，還有滿滿一鉤子的娛樂。

彼時台灣經濟起飛、正邁向都市化，精明的商人開創各種嶄新的休憩方式，相較於耗時長且距離市區較遠的釣魚，一、兩個小時就能獲得滿滿成就感的釣蝦風行全台，在郊區站穩腳跟，捲起銳不可當的熱潮。還有許多人來到釣蝦場醉翁之意不在釣蝦，而在於填飽肚子或大展歌喉：為了招攬更多人客，電動街機、電動兒童搖搖馬不稀奇，樓上就是卡拉OK，比外頭的知名連鎖KTV便宜，餓了還可以叫桌菜在池邊開吃，近幾年更有桌遊可玩。

複合不只照應生活所需，還給予大眾刺激與快樂。只要它還在，青春彷彿不會散。

文字——廖怡柔・撕貼畫——陳怡今

OF Combine

複合窗景

參考資料

●李宜芸，〈咖啡＋洗衣店，「喫茶洗衣」在東京展開一場社區空間革命〉，關鍵評論網。

Window View

洗衣咖啡店

公私領域交界處

時間快轉到當代，複合在都市中也不缺席。扛著髒衣走進洗衣店，丟進洗衣機、蓋上機蓋、投幣，接下來的等待時間並不無聊——喝杯咖啡、吃個點心，數十分鐘倏忽就過去了。

這種「洗衣店＋咖啡店」的複合式經營起於歐美，據說最早的洗衣咖啡店來自丹麥哥本哈根，而後不同國家陸續出現結合酒吧、按摩椅甚至音樂表演的洗衣店。當這陣風吹進日本，東京的「喫茶ランドリ」（喫茶洗衣）歡迎社區居民來這裡一邊洗衣一邊縫紉、燙衣或揉麵團，開放大家自由使用這個空間，在孤立的都市中，洗衣店負擔的職責原是象徵私領域的家事，而今竟成為鄰居間串門子、交流的據點。

而在台灣，洗衣咖啡店的店員除了煮咖啡外還提供代洗、代烘、代摺的服務，重新定義自身。就像複合式商店的定義也隨著時代演進不斷變化，不變的是，無論鄉間或城市、不管過去或現在，它始終是我們生活中熟悉的風景。

文字——廖貽柔・撕貼畫——陳怡今

對時代→提案！

當複合，成為一種改變生活的魔法

文字—陳韋聿．插畫—Susan Hung

1989年，知名作家詹宏志曾寫過一本頗有意思的小書，名為《城市人》。該書主要著眼於都市裡各種各樣的「事物進出」，譬如米行、布行等傳統店鋪在街道角落的消失，提神飲料、進口巧克力等新產品在商店貨架上的出現，等等。《城市人》的旨趣，便是要檢查這些瑣碎現象，藉以推敲人們的生活正在產生什麼樣的變化。

不過，事物之於某個場域的運動型態，顯然也不只有「進／出」或者「誕生／消逝」，還可能「放大／縮小」。比方說，原先只是配角的某樣商品或服務，可能會迅速成長，甚至衍生為一種特色行業（譬如近年來逐漸竄紅的肉桂捲或司康專賣小店）。反過來說，原先各自被獨立供應的商品或服務，也可能被壓縮、合併在同一家商店裡，形成所謂「複合式」的店鋪經營型態。

「複合」的起心動念，常常只是想要兼營新的業務，藉以吸納不同客群而已。不過，假如被整併於同一空間裡的不同事業，相互間產生了奇妙的化學反應（用籠統的商管語言來說，即所謂「綜效」），「複合」便會成為一種魔法。這種法術的效用，除了可以創造前所未見的店鋪景觀或產業模式，甚至還可能改造一個地方，改變人們的生活。

陳韋聿

一個老記不住事的說故事者。興趣是從歷史面向出發，參與不同領域與議題的書寫。

1932

展演驚奇的複合魔法

如果同時兼營兩種事業就是「複合」，這定義其實極為寬泛。準此，最早的複合式店鋪究竟出現於何時何地，大概也難以被確知。不過，假如我們的問題是「複合」曾經如何展示其魔法般的威力，讓台灣人普遍感受到這種商業策略所帶來的震撼效果，焦點就比較明確了。最直觀的一個例子，大概是首見於日治晚期的百貨公司。

1932年，「菊元百貨」與「林百貨」在台北、台南兩地相繼開業。在此之前，大部份台灣人恐怕未曾想像會有這樣一種店鋪，能夠將洋菓子、化妝品、玩具、唱片、服飾、菸酒……等等商品，通通塞進一幢燈火通明的摩天高樓，裡頭甚至還附設咖啡店、展覽大廳與空中花園，宛若一場永不落幕的博覽會。

台南作家蔡秋桐發表於日治晚期的短篇小說《興兄》，大致就表現了這樣一種驚奇感受。故事主角興兄來自庄跤（tsng-kha，鄉下），他許久未曾到訪台南府城，驀然發現城裡冒出了一家百貨公司，「一步入店內，如臨仙洞，什麼貨都有，在那間店內，足足行了好半天，還看不盡」。後來，興兄甚至被電力驅動的「流籠」（電梯）震懾到一度暈厥——從這些情緒效果來看，百貨公司所複合的，不僅是多樣化的購物和娛樂消費，更是千變萬化的驚奇展演。

百貨公司所複合的，不僅是多樣化的購物和娛樂消費，更是千變萬化的驚奇展演。

事實上，結合種種景觀或表演元素，為群眾創造新奇的感官體驗，一直以來可說是百貨公司的生存之道。1960年代以降，台灣的各大百貨商場便陸續結合了劇場、電影院、遊樂園、水族館甚至籃球場。每一種出人意表的複合，都幫助百貨公司變得更為個性化，也更能夠吸引它的目標客群。

時至今日，百貨業者所能祭出的一切複合法術，對於群眾而言或已不再驚喜新鮮，卻也未曾引起厭煩。每隔一段時日，仍會發現某個百貨品牌又進駐到某個城市角落。曾幾何時，「逛百貨」的念頭對我們而言竟已如此尋常——也許，這樣一種生活方式的潛移默化，才是百貨公司真正的魔法吧。

1980

萬有萬能的複合魔法

百貨公司畢竟與普通人的日用消費相去甚遠。長期以來，持續在台灣人的生活環境裡穩定運作的一種複合法術，其實是街巷裡星羅棋布的小雜貨店，亦即台語裡的「籤仔店」（kám-á-tiàm）。所謂「籤仔」是種扁圓形狀的竹筐，一只「籤仔」盛裝一種商品，滿是「籤仔」的店舖，賣的東西自也是五花八門。

便利商店成爲地方居民的四次元口袋，更意圖改造人們生活方式，讓大大小小的事情倚賴著它來運轉。

　與百貨公司不同，複合於雜貨店裡的各項商品零售，並不著眼於創造華麗景觀、勾引消費欲望，而是要儘可能將貨物填進小小一間店面，並且按著鄉親鄰里的需求來考慮陳列位置。比如每家每戶天天要用的鹽巴砂糖，一定擺在最顯眼處；久久被購買一次的婚喪喜慶用品，則得請老闆翻箱倒櫃才能被找出來。早些時候，雜貨店主甚至還能替人寫信，或藉由賒欠為人們提供資金的融通周轉。總的來說，農村時代的雜貨店宛若哆啦Ａ夢，總能應付各種臨時需用。後來，隨著台灣義務教育勃興而大量湧現的文具店，性質亦頗為類似。只要是學生們需要或想要的，這些店裡什麼都賣，什麼也不奇怪。

　回顧台灣史，關於雜貨商的記述，早在兩、三百年前便能見於史冊。不過，若要在漫長的時間序列裡找到某個值得銘記的年代，或許可以是１９８０那年，「7-ELEVEn」剛剛成立了首家門市。其後數十年，連鎖超商在全島各地迅速拓展至一萬三千家，同時也迫使大量的傳統雜貨店熄燈歇業。

　相較於雜貨店，便利商店所展現的萬有萬能可謂更高等級的複合魔法。而且，憑恃著企業集團的供應鏈、物流體系、談判資本等種種優勢，連鎖超商的法力，可能比哆啦Ａ夢還強上數倍。比如１９９０年代末，便利商店開始提供電信費等帳單代收，與此同時，飯糰、便當等鮮食正逐步搶占餐飲市場，收發包裹的嶄新服務亦已準備上路。後來，便利商店還能幫忙洗衣服、印相片、叫計程車、預購年菜、借書還書⋯⋯。原先必須在不同地點完成的瑣碎事務，現在只要走進超商，輕易便可搞定——這或許是便利商店真正的威能所在，不僅要成為地方居民的四次元口袋，連鎖超商更意圖改造人們的生活方式，讓大大小小的事情倚賴著它來運轉。

續命轉生的複合魔法 1990

在前文的描述裡，複合像是一種充滿創造力的商業策略，不過許多時候，人們其實只是把複合當成某種求生手段而已。一個例子是1980、90年代大量誕生於各地的「鎖匙刻印」行。早前，這類店鋪多半以刻印為本業。但隨著市場競爭漸趨激烈，業者必須兼營其他業務才能存活，「配鑰匙」遂成了首選。有時，這類店鋪也兼做鐘錶或眼鏡維修。說起來，這些技藝的性質大抵相同，都是要憑藉一雙巧手，處理微小事物的細部結構。

複合其他業務以求續命，類似的例子族繁不及備載。比如家裡附近就有個中藥鋪最近開始賣青草茶，還有機車行兼做股東會的紀念品代領服務。總之，只要本業的技術能力有辦法派上用場，或者新增業務的進入門檻不高，一家亟欲彌補虧損的商店，就有可能走向複合經營。「鎖匙刻印」是其中較為成功的案例，雖說它能實現的利潤規模終究有限，但至少形成了一個能夠穩定運作的商業模式。

然而，另有一些複合案例，不僅僅是求得續命而已，甚至轉生為另一種嶄新業態。1990年代以來，在台灣蓬勃發展的「休閒農場」便是一個顯例。

故事要說到20世紀後期，台灣農業在國際競爭壓力下已盡顯疲態，大片水田休耕，農村勞動力也迅速流失。農產品既然賣不贏別人，許多農家遂轉而販賣「體驗」，向都市人提供「來去鄉下住一晚」的機會。

「農業」加「休閒」為什麼成功？因為這個複合策略完美迎合了時代潮流。20世紀後期，台灣初級產業衰退的反面，其實是工業化與經濟起飛，造就了城市裡一群有錢有閒的中產階級。特別在1990年代，這群人正

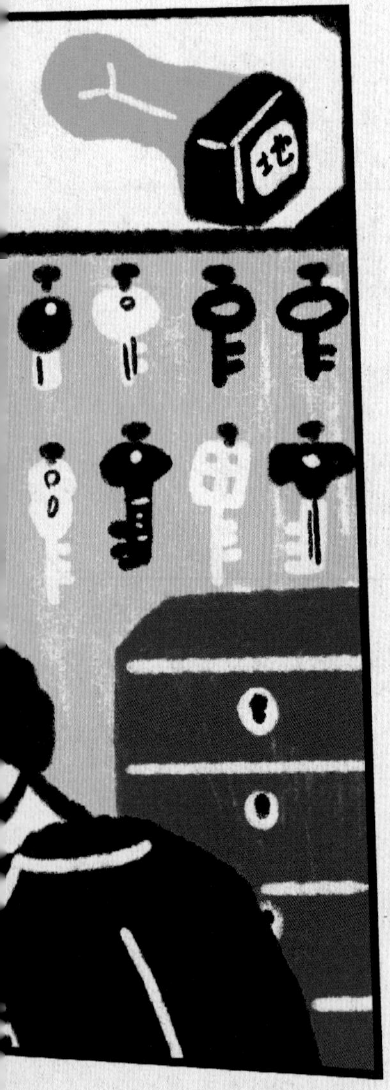

處心積慮要逃離水泥叢林，走向他們心目中「純樸的農村」去尋求平靜。後來的「週休二日」改制，更為城市居民提供了充裕時間，開車往返鄰近郊區。於是，結合餐飲、旅宿、農地或農產品勞作課程等種種服務的農場，遂大規模興起於鄉村地帶。

與「休閒農業」相仿，興起於2000年以後的「觀光工廠」，亦是為了拯救衰退產業的一種轉型方案。當然，並不是所有的農場與工廠都能因為複合魔法而獲得重生。但只要運用得當，複合策略的神奇力量，仍足以將一整個夕陽產業帶往嶄新黎明。

中產階級有了閒錢可以逃往鄉村，那麼財力相對有限的勞工們要逃到哪裡？也別擔心，資本家們早已算計好這事。

農產品既然賣不贏別人，遂轉而販賣「體驗」，向都市人提供「來去鄉下住一晚」的機會。

2000

娛樂至上的複合魔法

20世紀後期，相應於台灣人均收入的指數增長，平價化的娛樂場所也隨之湧現。其中，許多娛樂項目經常被複合在同個地方，比如中南部一些釣蝦場往往會附設KTV，打擊練習場則會結合美式飛鏢或保齡球館。近年來，更有許多以「複合式運動休閒」為名的場所誕生於城市邊緣地帶，各種節目填滿整棟建築，宛若某種娛樂至上的精神時光屋，栽進去便不知今夕何夕。

這類複合式娛樂場所當中，「漫畫網咖」是十分特別的一種業態。追本溯源，這類店鋪的原型其實是1970年代誕生於日本的「漫画喫茶」，亦即結合漫畫閱讀與簡易餐飲。由於是計時收費，顧客在裡頭待得越久，業者賺得就越多，這種生意模式自然發展成24小時營業，甚至提供包廂、洗澡、洗衣，儼然簡易旅館。到了1990年代末尾，同為計時制的網咖開始興起，其所吸引的客群與漫畫店大約雷同，於是「漫画喫茶」又順勢結合了這門生意。

同樣在1990年代後期，曾在台北開設「太陽系MTV」的傳奇創業者吳文中，亦將「漫画喫茶」的商業模式複製到台灣，創造了名為「漫畫王」的連鎖品牌，並且迅速在全台各地拓展據點。大約千禧年前後，總能在熱鬧的街區裡看見它徹夜不曾熄滅的招牌燈光。

真正被複合的，原來是我們的生活本身。

時移世易，「漫畫王」的榮景早已消失。但在許多城市的交通節點，仍能見到同性質的店鋪，讓那些短暫停留的旅人得以歇息。相較於其他種類的複合式娛樂場所，走進「漫畫網咖」的顧客往往都是孤身一人。而在書冊與螢幕所構築的小世界裡，他們所尋求的或許也不僅僅是娛樂本身，而是獨處與度日的法門。

無限可能的複合魔法

2024

顯然還有各種各樣的複合式店鋪值得討論（比如陽明山上開設的溫泉餐廳，也超級有趣），我們只能選擇幾個焦點，藉以檢視複合式經營策略曾表現什麼樣的作用，並且如何影響普遍台灣人的生活。

如果說還有什麼樣的複合式經營不容遺漏，書店與藥局大概都值得再寫一寫。前者的代表自然是誠品集團，它演示了書店如何成為一種形象包裝，幫助它所經營的商場擴大盈利，再回過頭來挹注本業。事實上，現代台灣的書店業者，多半也需要複合其他事業來維持營運。諸如提供簡餐、出租場地、舉辦市集……，實際能夠結合什麼，存在著各種嘗試。

複合式藥局則是方興未艾的時代趨勢，幾個大型連鎖品牌已各自鎖定了美妝、婦嬰用品、醫療器材等戰場，走向不同的發展道路。與此同時，傳統的西藥房則逐漸在退場當中。不過，仍可以看到一些老字號藥局，憑藉複合式的創新作為，硬生生殺出一條血路。

時至今日，複合策略在各行各業都已十分常見，我們同時可以從普遍案例中觀察到一些共同趨勢。譬如賣咖啡大概是最常見的一種複合選項，近年來，就連加油站都已開始附設咖啡得來速，可見台灣人有多著迷於這種飲料。實際上，7-ELEVEn早在40年前就已嘗試提供現煮咖啡，卻很快以慘敗作收，原因單純只是整個社會對咖啡的接受度仍然有限而已。這樣看來，複合終究得適應於時代脈動，才可能發揮它的法術效果。

那麼，當前台灣的時代脈動是什麼？哪些複合事業又將隨之誕生？從本書後半部分提到的各種複合案例，包括高齡照護、弱勢扶助、食農教育、實體互動經驗……等等，或許都能提供一些解答的線索。同時，我們或許還可以將這些店鋪視為某種面對地方的提案，只要它所提出的複合概念被居民接受，人們對於店鋪的既定認知與使用方法都將改變，圍繞著這些店鋪所形成的生活模式，也將因此不同。

從這個意義上來說，真正被複合的，原來是我們的生活本身。而若這個世界仍然不時會冒出一堆前所未見的複合提案，或許那就意味著所謂生活，其實也還存在著無限種可能的樣貌吧！

Combine コンバイン？英日文小教室

文字——廖貽柔．插畫——Susan Hung

コンバイン

（名）/ kombain /

聯合收穫機

例句 父親はコンバインを運転して、田んぼの収穫を手伝っています。
爸爸正開著聯合收穫機，幫忙收割田地裡的作物。

咦？咦咦？

你沒看錯，日文裡確實有コンバイン（combine）這個詞，不過使用語境為 combine 其中一個名詞含義：聯合收穫機，全稱為**コンバインハーベスター**（combine harvester），簡稱**コンバイン**。至於什麼是聯合收穫機，那是一種挺全能的大型農業器械，不但可以幫稻米或穀物收割、脫粒，還可以分離種子、莖稈和其他雜物。如果是日文裡的 A+B，會直接講「AとB」或「組み合わせる」（結合、組合在一起）。

說到「複合」，日語則是「**ふくごう**」，用法跟中文的複合一詞類似，也會直接以漢字表示，如「複合カフェ」（ふくごうカフェ，複合式咖啡店）。順帶一提，複合式咖啡店在日本可是自成一股勢力，這些除了賣飲料餐食外還可以看漫畫、玩電腦（甚至淋浴跟按摩）的店家甚至組成了社團法人「日本複合カフェ協会」（JCCA，Japan Complex Cafe Association）為自己爭取權益，果然複合熱潮正夯。常見的複合用法還有「複合施設／商業施設」（ふくごうしょうぎょうしせつ），也就是複合式商業空間，像是台灣自由行旅客可能不陌生的日本旅遊交通網站「NATIVIME」，就有幫旅客整理出「全国の複合施設／商業施設」，如銀座的百貨公司、羽田機場的商場等等。

Combine

（v.）/ kəmˈbaɪn /

（使）結合、合併

常用片語 combine A with B 、combine A and B

意思①結合或合併兩個以上的存在，使它們成為一體。

例句 The chefs decided to combine traditional French cooking techniques and modern Asian flavors to create a unique fusion cuisine.
主廚決定結合法國的傳統烹飪技巧與亞洲的現代風味，創造出獨具一格的無國界創意料理。

意思②兼具兩種以上的特質。

例句 The new smartphone combines sleek design with powerful performance.
新款智慧型手機兼具時尚的設計和強大的性能。

意思③同時從事兩種以上的活動。

例句 She likes to combine listening to music with doing yoga in the morning for a refreshing start to her day.
她喜歡在早晨邊做瑜伽、邊聽音樂，開啟新的一天。

（n.）/ ˈkɒm.baɪn / 聯合企業、集團、聯合收穫機

例句 The two companies decided to form a combine to expand their market reach and increase their competitiveness.
為了擴張市場並提升競爭力，這兩間公司決定組成聯合企業。

例句 The farmer used a combine to harvest the wheat from the field.
農夫使用聯合收穫機從田地中收割小麥。

combine是個我們再熟悉不過的英文單字，在日常對話中不時會出現的中英夾雜範例裡名列前茅──「把 A 和 B combine 在一起如何？」就連有時候聽老一輩講台語都會冒出 combine（雖然 combine 在台語中的用法已不可考，歡迎對此有了解的讀者來函編輯部賜教），combine 的魅力簡直無人能敵。

話說回來，combine 特指兩種以上的事物混合在一起仍能並存，它有另外兩個同義詞：**merge**，意思也是「合併」，強調兩樣東西結合之後成為更大的新事物，但其中一個消失了、或兩者的特質融為一體，例如 “The narrow trail merges with a wider path.”（狹窄的小徑併入了一條較寬的道路）。另外，如果專指與企業、商業領域有關的合併，則會使用 **consolidate**，例如 “The two firms consolidated to form a single company.”（這兩家小公司合併為一家）。

欸，那日文也有 combine 嗎？答案是：有喔！

Compound 01!

來到虎尾小鎮，過去是婦幼量販的惠生大藥局，在第三代 George（廖昱喬）的操刀下，從空間到內容徹底改頭換面，甚而被冠上「全台最美藥局」的美讚。不過，George 想透過藥局訴說的，不只是美這件事，而是關於一座藥局的可能性。

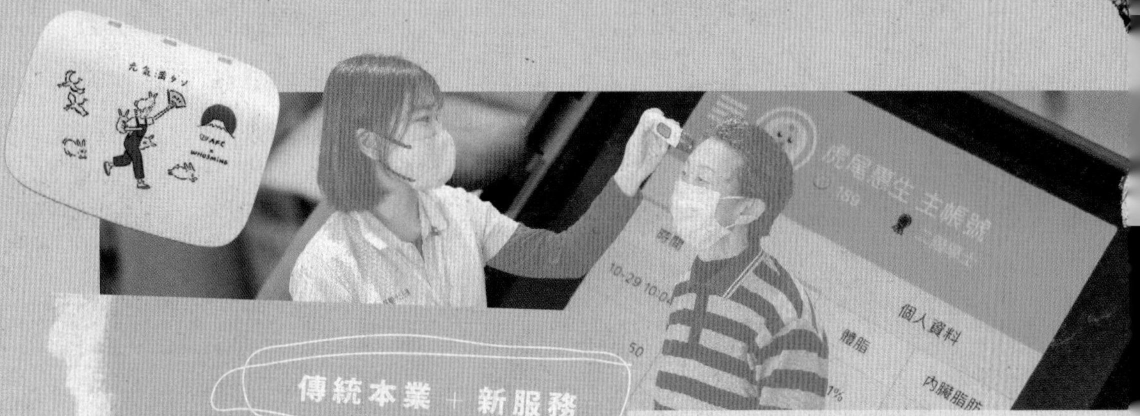

傳統本業＋新服務

惠生大藥局，為地方賦能的健康派出所

文字—李佳芳・攝影—施合峰・圖片提供—惠生大藥局

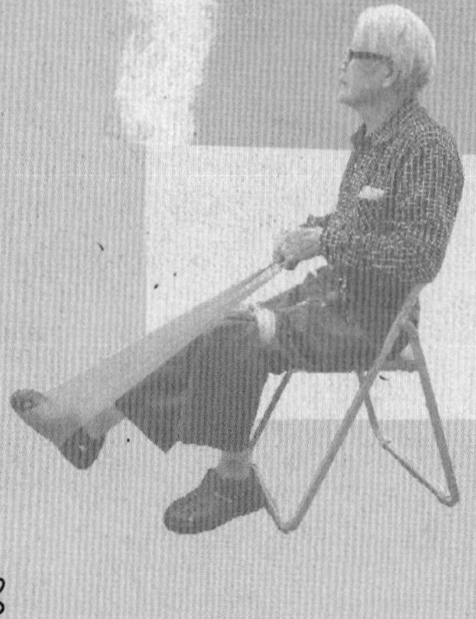

「我大學其實想念電影。」30出頭歲的George，仍保有青春感，談到決定回來接手家業前的躊躇，他是有的。年輕時單純的夢想，在長輩的打槍下，塗寫成為生物科技系，可他還是難捨。「本來我想渾渾噩噩交差了事，但我不太甘願，想要看看自己還有沒有其他發展的可能性。」

大學畢業，他跑到日本留學，讀研究所，而在語言學校的短暫就讀期間，認識了很多不同領域的同學，他們來自服裝、建築、設計產業，使他踏出同溫層，接觸不同領域。「最衝擊的，就是去越後妻有大地藝術祭以及瀨戶內海藝術祭吧。」他震驚於為地方長者與失落產業重新賦能（empowerment），竟然可以用這麼有趣的方式做到！

「如果藥局也像藝術祭呢？這裡有沒有可能成為一個小小的賦能基地？」有太多的想法在他腦中滾來滾去，不知不覺他開始用不同的眼光去看藥局，本來沒有的熱情，也好像慢慢湧現出來。

融入小鎮公園的設計，是社區交誼的新亭仔腳。

▶ George 的投入讓團隊增添不少新血，使藥局成為青銀共創的基地。

▲ 深受阿公阿嬤歡迎的樂齡教室，時常舉行課程和活動。

保持彈性，讓藥局也能玩快閃

十年前George投入惠生大藥局的營運，開始向父母提案自己的新計畫，以「全台第一家予防醫學專門店」的構想，賦予傳統藥局新的形象和使命；而計畫的第一步，便是針對藥局空間進行大改造。

他請來日本留學期間認識的建築師朋友佐野健太來操刀設計，用「小鎮公園」的概念重新設計阿公時代所創立的虎尾總店，把本來的「量販風格」搖身一變，成為一座清爽無負擔的「負建築」空間。走過木紋表情豐富的曲牆，那白色細金屬構成的弧形櫃台，還保留了一個「快閃店」的空間，是George設想好的彈性空間。

「這裡我可以玩各種有趣的聯名活動。」侃侃而談他與寶礦力水得POCARI、雀巢、資生堂、全家寶、樂齡智造的合作，甚至與在地的林記蔬果汁玩特調，用味道訴說長輩們的故事，人們從未想到可以在藥局發生的活動，竟然通通都實現了。

不只如此，他還在一樓打造了「樂齡健身房」，並且改造二樓為「樂齡教室」，跨域整合不同長照服務單位，使藥局成為長者的一站式長照站。而去年他也與金澤長照藥局集團スパーテル株式会社簽約成為姐妹社，未來想要導入日本專業長照服務，提供長者不同的生活選擇。

▲ 樂齡教室展示阿公阿嬤的作品。

人情滋養，是買賣以外的價值

「剛開始大家很難理解為何要花這麼多資金去改造，很多業界的人不看好，也有冷嘲熱諷說我是了尾仔囝（liáu-bué-á-kiánn，敗家子），但為何老了就不能活得開心優雅呢？」在George心中，藥局從來不是只有買賣的地方，這裡有他想要實現的某種價值。

George說，惠生大藥局起源於1963年，是他的阿公廖茂庸所創立，「阿公最早是推藥車到各地去寄藥包（定點配送家庭常備藥），後來存到了本錢才在斗南開店，當年斗南的藥局生意很競爭，阿公想盡辦法生存，都會主動出擊去和客人建立關係。」

George 將興趣結合專業，走出藥局新風貌。

在他的記憶裡，家裡的藥局永遠有很多叔叔阿姨來來去去，很多時候大家不是來買藥，而是坐在店裡泡茶開講，藥局很像大家的灶跤（tsàu-kha，廚房）。在備受人情滋養的生活裡，那份溫暖淡淡地捂在心窩，長大後才漸漸清晰，成了他想實踐的一幅風景。

惠生大藥局的創新，George說自己不是第一個。早在多年前，具有資訊工程背景的父親廖俊吉，為了加速服務，為藥局開發了結帳系統，並把系統分享給同行，使小藥局可以串聯力量，發起「共同採購奶粉」向原廠談判進價，間接推動藥局轉型婦幼量販的風潮。

成為青銀共創、彼此照應的場域

到了George這代，當年買母嬰用品的消費者，現在很多都是阿公阿嬤了，再加上生育率下降的衝擊，藥局也要重新定位，延伸不同的服務。

「一家藥局可以幫社區做很多診所或醫院無法做到的事情，像是協助宣導衛教、訪視獨居老人或送餐等，尤其疫情期間很多長輩來這裡領口罩、買酒精，順便諮詢問題，這裡很像是大家的健康派出所。」

借鏡日本藝術祭，他也積極參與在地青年聚會，在「雲林一百種生活」上認識了許多在地青年，因此投入農藝復興運動的「伏流祭」，發起為長者拍紀錄片，使年輕人可以進入了解長輩們的生活，形成青銀共創的氛圍。

「在我心中，長照的定義不是長期照顧，而是長期照應。」在藥局，我們彼此照應彼此，共同把地方賦能放到最大，使每個人活到最後一刻，都能為一路走來感到自豪。

惠生大藥局也發起拍攝在地紀錄片，講述老人家的青春故事。

003. 嘮叨營養師之必要性存在

在惠生大藥局的團隊裡，可見「二代同堂」的有趣現象，受到母親蕭秀惠影響，也加入團隊的營養師蔡侑倫，堪稱是藥局裡最嘮叨的「辣個男人」。原本任職醫院的他表示，預防醫學是他比較想要介入的部分，而惠生結合了長照系統，在這裡工作反而更符合他的期待。

「很多長輩都不知道自己的身體狀況，連自己血壓高也不知道，以前在醫院做衛教，很多都是健康已經出了狀況，要不就是久久才宣導一次，長輩回去就忘了，但在這裡我們一個禮拜有五天可以看到他們，可以從聊天中了解他們吃什麼，抓包偷喝飲料的啦、吃太多麵包的啦、或是不愛運動的啦……」在這裡，他可以天天「關心」，唸到長輩想忘也忘不掉！

People at the pharmacy

藥局日常的人與事……

001. 阿公阿嬤閃閃發光的故事

平常在藥局的日常互動，大家很少聊到過去的事，但在拍攝《惠聚日常》紀錄片時，才發現任妙齡阿嬤是獎狀掛滿滿的國標舞后，而江哲雄阿公在他運將身份背後，還有個遙控飛機賽手的另類身份，還有曾擔任保安警察第一大隊大隊長的吳昆霖阿公，在退休後竟然成為薩克斯風街頭藝人……

原來阿公阿嬤們的人生故事這麼精彩，每當有機會對外分享播放紀錄片時，經常得到很多淚光閃閃的回饋，這份溫暖也感動了團隊成員，更堅定珍惜眼前的一切。

002. 轉型阻力下的關鍵藥師

在地服務多年的藥師蕭秀惠，實際看到許多雲林長輩面臨老化的壓力，對於George提出轉型的想法，一路上都是全力支持。她認為做對的事情一定會產生善的循環，「這不只是一個鄉村的樣貌，雲林的長輩們也代表了整個社會的形態，在藥局裡推動長照是一個很好的方向，其實也是為我們做準備。」

本業 Combine

科學飲食

發揮選品的概念，與優質品牌展開有趣的合作，例如與雀巢健康科學開快閃店，在藥局內成立「Shake!立飲吧」，由雀巢健康科學營養師團隊設計菜單，提供長者個人化營養規劃服務。或是與寶礦力水得POCARI合作，結合樂齡健身房的肌力訓練，推動正確飲水觀念。

美麗的老年療法

長期研究發現化妝除了美容效果之外，更具備延緩老化的全新價值，惠生大藥局的樂齡學堂與資生堂合作導入「化粧療法」，使長者藉由化妝幫助手部握力提升、刺激腦部認知功能，透過美容彩妝的力量，讓高齡長者也能擁有美麗健康的生活。

提高健康管理意識

提高長者對於健康管理的意識，惠生大藥局與醫療器材品牌Chiline全家寶合作導入生理量測系統，長者可到藥局量測五種生理狀態（數據血壓、血糖、總膽固醇、尿酸及心電圖）。數據即時傳送至健康管理平台，家屬可透過App隨時遠距掌握長者健康。

樂齡社區健身房

為了幫助在地長者延緩認知能力退化，建立大腦活化、身體運動與社交互動，以維持或改善生活質量。惠生大藥局與醫療科技新創公司樂齡智造合作導入全球首創利用AI科技，結合IoT與專業職能治療師，提供AI-Exercise居家失智預防服務，並且打造一座樂齡智造社區健身房，使藥局成為長者的自主活動中心。

combiNe 異業

合作開創長者桌遊

2022年在台灣設計研究院的推動下，加入「新一代設計產學合作」計畫，與明志科技大學工業設計系師生展開合作，結合雲林特色與傳統布偶戲文化，為銀髮族設計原創性桌遊「掌中戲」，使長者可以用遊戲訓練空間感與抓取，活化腦力、增進儲備認知能力。

從建築語言先轉換

2020年著手藥局建築空間改造，邀請日本建築大師伊東豊雄弟子佐野健太的建築設計事務所，以公園的概念重新塑造藥局空間，並且打開二樓成為社區長輩的活動據點，使藥局不再只有買賣，而是人與人相會的溫暖場所。

藥品包裝聯名設計

惠生大藥局為日本190年歷史藥廠AFC的台灣改造示範點，兩品牌也共同合作，嘗試把藥局跨界設計，先前邀請台灣插畫家兼設計師WHOSMiNG推出聯名卯兔年元氣藥盒，後又在網路上推出與IF OFFICE創意總監馮宇合作的視倍葉黃素獨家包裝，改觀人們對於藥品的印象。

紀錄片談銀髮議題

2023年投入雲林在地創生，贊助由「雲林100種生活」團隊所舉辦的「伏流祭」，邀請在地紀錄片導演施合峰、與曾獲金馬最佳紀錄片首席攝影詹皓中等二人，用影像紀錄五位阿公阿嬤的珍貴故事，並且與在地果汁店「林記蔬果汁」聯名於伏流祭推出五款水果限定特調，讓青年用不同的方式了解及參與銀髮議題。

COMPOUND 01!

萬事找仁偉！一間書局的在地陪伴

文字——林竹方・攝影——許翰殷・圖片提供——仁偉書局

傳統本業＋新服務

「時代的眼淚！○○書局熄燈。」拜訪仁偉書局的這天，老闆羅仁材感嘆地訴說高雄某間經營 40 餘年的書局結束營業；幾天後，桃園又有一間在地書局即將停業，引發當地居民滿滿的不捨。在城市化和網路購物盛行的今天，很難想像書局對一座小鎮的重要性。書局的存在不只是滿足文具或書籍的需求，它更是文化傳播的種子，甚至是小鎮不可或缺的生活大百貨。

仁偉書局

RUNWAY BOOKSTORE

▲ 仁偉書局的經營者們，由右至左：羅仁材、羅怡芬與蔡香珍。
◀ 仁偉書局的新（左）舊（右）Logo。

自1982年開業至今，仁偉書局已陪伴嘉義民雄的頭橋人逾42年光陰，現在由羅仁材與蔡香珍夫妻，以及女兒羅怡芬，三人共同經營。羅仁材是仁偉書局平日上午的門面擔當，負責櫃檯招呼客人與送貨，許多老客人也會特別精選他值班時段光顧，為的就是跟羅仁材碰面聊天；蔡香珍則是仁偉書局的靈魂人物，管理書局五花八門的瑣事與帳務；而羅怡芬從櫃檯服務、進出貨、倉管等工作中探索，逐步建立一套自己經營書局的哲學。

地方上第一，也是唯一的書局

仁偉書局的誕生與蔡香珍的哥哥，也就是羅怡芬的舅舅息息相關。羅仁材與蔡香珍兩人故鄉在太保，距離頭橋約半小時車程。蔡香珍結婚前跟著哥哥學習書局經營，婚後，她希望自己也能經營一間書局。在哥哥推薦之下，看好頭橋鄰近工業區、學校及軍營，勢必有參考書、辦公文具等需求，因此決定移居頭橋這個蔡香珍完全陌生的地方，並開創了頭橋第一間書局——仁偉書局。

起初，仁偉書局規模不大，由蔡香珍獨力經營，隨著羅芬的出生，羅仁材辭去既有工作，與蔡香珍一同經營書局。1970～80年代，台灣經濟蓬勃發展，頭橋地區書局競相興起，包含仁偉在內高達五間；然而，隨著社會變遷及消費型態改變，加上新冠疫情的重創，書局一間又一間地結束營業，唯獨仁偉屹立不搖，如今是頭橋現存唯一的書局。

不知道的大小事，先來問仁偉！

「啊！前幾天有客人詢問冷氣的擋風板，可以怎麼處理。」訪談進行到一半，羅仁材突然想起這個待辦事項尚未解決。

什麼都賣、什麼都不奇怪的仁偉書局，就連冷氣擋風板都能協助客人尋求解決門路。正是因為仁偉使命必達的性格，書局除了文具、

◀ 羅仁材以解決客人的大小困擾為樂。

▼ 二樓展售的書籍可發現羅怡芬的選書理念。

玩具和圖書以外，也販售各種東西，例如早期曾經販售過的金柑糖，或是現在生活所需的好神拖、黏鼠板等，因此，仁偉書局也自稱為「書店界的簽仔店（kám-á-tiàm）」。在頭橋坊間，甚至流傳著：「遇到問題不知道該怎麼解決、東西不知道從哪買，先來仁偉問！」的一句話。

羅怡芬回想書局提供的各種「特殊服務」，因為案例太多，對她來說早已見怪不怪。例如：鄰近學校想送學童綜合包的餅乾，指定了幾樣餅乾的品牌及口味，請仁偉代購並分裝成小包；因位於頭橋工業區附近，移工對中文尚不熟悉，這幾年有許多移工的履歷，都是請仁偉代筆書寫；更不用說行之有年，販售國小學童制服、老闆代修手錶或計算機等小型電子儀器等服務。

這些數不清的日常瑣事，對仁偉書局而言都是舉手之勞，羅仁材認為替人服務很快樂，看到客人的困擾一一被解決，自己也很有成就感。經年累月之下，在地方上也逐步塑造出仁偉書局無所不能、親切的萬事通形象。

一樓挺二樓，傳遞美好與重要的事物

返鄉與父母共同經營仁偉書局的羅怡芬，即將迎來她的第十個年頭。和家人共事本不易，加上她原本在廣告和劇場的工作經驗，使得羅怡芬有許多工作態度和觀念需要與父母磨合，在時間的驗證下，三人一路走來，也逐步找出適合彼此的節奏。

羅怡芬返回書局之前，二樓的書籍區已大幅減半，羅仁材與蔡香珍也考慮縮小經營規模，為兩人的退休生活做準備。2015年，羅怡芬回到店內，除了捨不得拉拔他長大的仁偉書局，也希望將自身所學投注於店內。於是，二樓的書櫃再次被填滿，有別於往年的參考書，更多了她的選書，增添不少台灣味，從飲食、風土、台語文、嘉義在地等議題，羅怡芬將自己關心的大小事種進仁偉裡。

「現在已經有家庭的第三代來仁偉買東西了！」羅仁材難掩自豪神情地說著。如今的仁偉書局，一樓販售文具、玩具等生活用品，二樓販售書籍，偶爾辦理講座、電影放映等活動，羅仁材、蔡香珍與羅怡芬三人齊心協力，在仁偉穩定的基礎之上，開創更多不同的面向。無論是和嘉義地方團隊們的互動，或是拓展多元的社會連結，期盼這股根植在地40年的能量，能夠持續蔓延並綻放，為頭橋帶來更多美好的可能。

DIARY 003. 哭笑不得的認賠殺出

#手電筒

一位客人拿著壞掉的手電筒來到仁偉，

「老闆，這個手電筒壞掉了，不會亮！」客人說。

「我幫你修理看看。」我回答。

「你一定修理不好啦！你如果修得好我走出這間店就被車撞！」客人說。

我心中OS：那我是要修還是不要修呢？接著就默默拿出一支新的手電筒給客人。

#快乾

通常客人買快乾，我們都會提醒客人，開口的洞不用剪太大，小小的就夠用。

這天，賣出快乾給客人，不到五分鐘，客人氣沖沖地跑來仁偉。

「老闆，你看啦！我的手！五根手指頭都分別黏在一起了啦！」

我心中OS：不是提醒你不要剪太大洞嗎……

怡芬顧店日記

STORE MANAGER DIARY

DIARY 001. 你好漂亮

又到了小朋友的放學時間，通常這是除了白天辦公所需，店內的第二個人潮高峰時段。這天，有一群小朋友買好東西來櫃檯結帳，其中一名小男孩用著有點羞澀的神情跟我說：「老闆，我可以跟你講一件事情嗎？」

「什麼事？」我回答。

「妳好漂亮喔！」說完，小男孩便跑向他的同學們。

「真的嗎？真的嗎？」我回應。

「老闆，這是整人遊戲，哈哈哈。」小男孩和他的同學齊聲大笑。

「……」心中大罵臭小鬼的我，還是保持著一抹不失禮的微笑。

DIARY 002. 謎樣的小偷

某天，仁偉收到一封神祕的信，信封上沒有任何署名。打開信封一看是幾張鈔票，還有一張紙條，紙條上寫著：「我之前在仁偉偷過幾次東西，其實我對你們很不好意思，現在我有錢了，所以寄了一些費用給你們。」

開店遇到小偷不稀奇，但遇到會還錢的小偷，這就很罕見了吧！又或者說，這樣的神祕人物還可以稱呼為小偷嗎？

店務 Comb!Ne

在地服務超過40年的仁偉書局，猶如頭橋的萬事通，無論是個人日常用品，或是學校機關、公司行號的業務需求，遇到各種疑難雜症，找「仁偉」就對了！仁偉猶如一座可靠的橋樑，連結著頭橋人的生活與解決方案。

安全帽

羅怡芬剛回到書局工作時，店裡充斥著許多她無法理解的商品，其中之一便是「安全帽」，因此她向父母提議下架安全帽；然而，這項提議馬上被否決。也許是仁偉位在台一線上的緣故，安全帽銷售業績出乎意料的好，到了現在，羅怡芬對於店內貨品已相當熟悉，她也深刻了解安全帽的「重要性」。至今，安全帽仍然是仁偉的熱賣商品，唯一的改變是將它從戶外帽架移至店內，減少沙塵的堆積。

制服

隨著食安意識提升以及少子化的衝擊，合作社幾乎已退出校園，合作社的消失，連帶也斷了販售學生制服的通路。由於學校長期以來都是仁偉服務的對象，協助學童測量尺寸、販售制服的工作自然地也就交託給店內。每年開學日對仁偉書局而言都是重要的工作日，近十年過去，蔡香珍幾乎不需使用布尺，僅以肉眼目測便可準確判斷小一學童最合適的制服尺碼。

電子儀器維修

本著「能用就用，能修就修」的精神，加上仁偉一貫的古道熱腸，許多生活上出問題的工具，客人總是第一時間想到他們。舉凡手錶、計算機、鬧鐘、釘書機、捲尺等等，各種雜七雜八的需求通通都遇過，而仁偉書局的維修大師非羅仁材莫屬，樂於解決客人煩惱的老闆，甚至在櫃檯設有一個專門放置維修工具的區域呢！

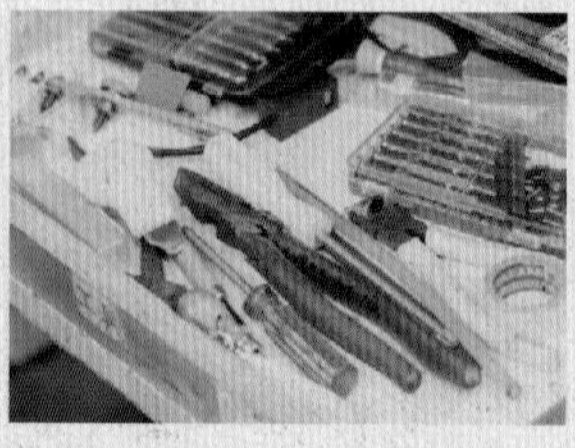

外務

延伸仁偉書局的精神，羅怡芬希望書局能有更多元的社會性。不僅引入外部資源，豐富頭橋居民的生活，她還期望透過和各界的交流，讓更多人認識頭橋、理解書局。而羅怡芬親切柔軟、善於溝通的性格，讓她在各種串聯活動當中，擔任穿針引線、協助搭橋的關鍵角色。

書式生活與草草戲劇節

2015年是羅怡芬返「嘉」的元年，也是嘉義市幾家獨立書店開業的年份，其中包括勇氣書房、島呼冊店、朗朗書店，大家共同組成的「嘉義書式生活」行動聯盟，正式啟動。最初，他們先在自家書店附近舉辦市集，而仁偉選擇福樂國小周邊作為舉辦地點。後來開始與藝文活動合作，如民雄盛事「草草戲劇節」的書展區，過去八年，仁偉一直擔任書式生活與戲劇節溝通的橋樑。

和中正大學一起重構大學路

位在民雄的中正大學，為了讓師生能重新認識在地，向教育部提案執行「重構大學路計畫」。這個計畫也不乏看到仁偉書局的身影，像蔡香珍和羅怡芬分別都曾擔任過Podcast「我的民雄朋友們」節目嘉賓；或結合活動在店內辦理講座，羅仁材也順勢將幾座書櫃加裝輪子，讓環境更機動、舒適。當然，在仁偉也能翻閱到「重構大學路」每期出版的刊物喔！

凝聚能量的打貓街坊文化協會

2022年成立的打貓街坊文化協會，在文史調查工作的基礎下，希望透過文化轉譯或活動設計，擾動更多人走入民雄，而羅怡芬也參與其中，擔任協會的理事。2023年，在仁偉書局的統籌下，向文化部申請資源，串聯嘉義書式生活、打貓街坊文化協會、中正大學重構大學路計畫等單位合作，在民雄保生大帝廟舉辦「閱平安——廟埕有好市」活動，以書本市集、電影、演唱會推廣閱讀。

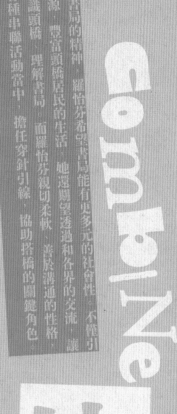

Compound 01!

傳統本業 + 新服務

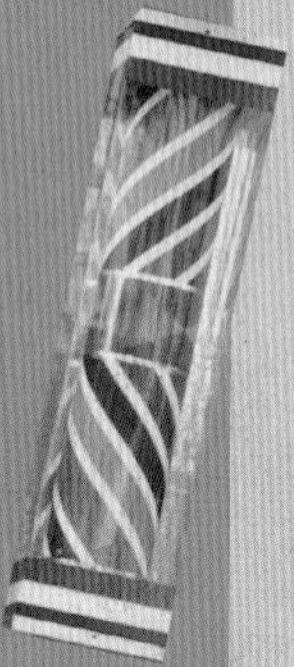

打理身體門面，也梳理城市記憶的華谷理容院

文字——黃怜穎．攝影——郭宛諭．圖片提供——華谷理容院

華谷理容

位在台南安平的華谷理容院，為創辦人黃碧霞、曾家裕夫婦在 20 多年前買地自建圓夢打造，華谷店齡則要從 1976 年算起，現負責人為黃碧霞（阿霞），二女兒曾怡嘉（阿嘉）同是店裡的理髮師，三女兒曾敬淳（阿淳）以城市旅行的視角記錄分享從自家展開的老理容院探訪，吸引年輕人、外國人來到華谷體驗理容文化。

昭安理髮廳

1980 ～ 1990 年代結合影音享受的按摩包廂，現在是師傅們的休息室。

現在的華谷，中午12點開門，晚上9點休息，不再是過往營業到凌晨4點的深夜理容院，不過，14歲就當理容師的老闆娘阿霞，開店超過40年，改不掉陀螺般團團轉的工作習慣，華谷不像其他老理容院日期見「5」就休，近年每月公休日的安排被二女兒阿嘉形容是辛苦的抗戰成果，阿嘉說，今年大年初一，阿母這輩子第一次睡午覺，阿霞笑咪咪地說：「睡午覺的感覺好幸福喔。」

想來這句話通常出自華谷客人，這處全台南唯一結合傳統理容及全身指壓的理容院，除了男士剪髮、染髮、修面刮鬍，在華谷還能修手腳指甲、掏耳和按摩，細膩照顧從頭到腳的全套門面整理，正是放鬆身體、極度適合打盹的幸福時光。

讓客人好好休息的動靜尊榮服務

搬到安平現址前，經歷海安路、西門路小北華谷兩個時期，老闆娘阿霞說起小北華谷開始有全身按摩，規模最大，也賺進最多錢。為走出自己的特色，從招牌寫「髮型沙龍」、挑高空間設計、氣派樓梯、制服到設有四位外場經理，軟硬體皆十分注重營造「尊榮」服務的高級感。

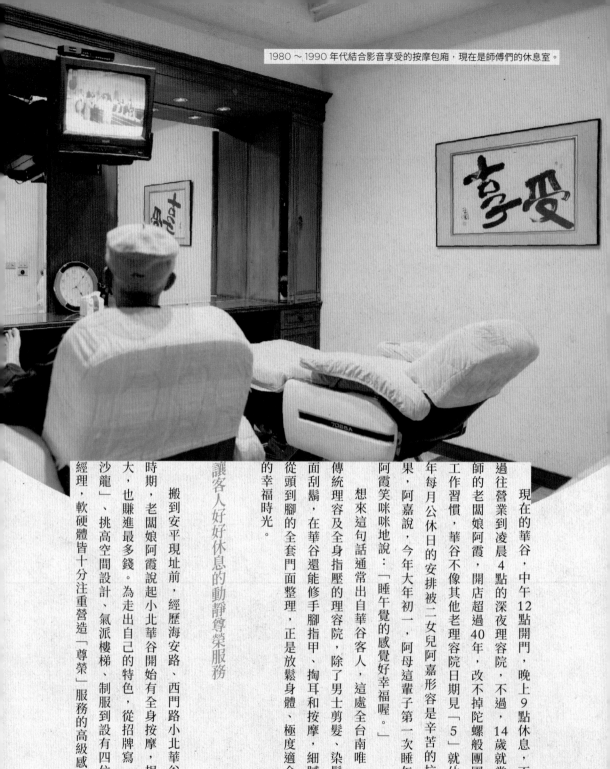

為留住客人更長時間、賺更多鐘點費，包廂可是有邊按摩、邊看影片聽音樂的視聽享受，此服務和歐式裝潢延續至安平華谷，另有空間提供給理髮按摩完的客人唱卡拉OK，結合三、四年級生熟悉的娛樂，數小時的休息，動靜自選，保證客人身心容光煥發地走出店。

有如出發一起去旅行的轉折點

隨產業生活型態改變，出現新式髮廊與快速剪髮，以及華谷資深師傅接連離職，來客數走向低谷，阿霞在2015年萌生賣掉華谷透天樓的休業念頭，因遲遲未有買主現身，某天聯繫房仲幫忙，意外得知供奉在二樓的觀音菩薩指示不能賣！視觀音如心靈導師的阿霞為還清貸款賣掉另間房，是充滿阿嘉、阿淳和大姐兒時記憶的家。

華谷繼續開門營業，但被阿爸形容已如一灘死水，那年從建築事務所離職的阿淳，動念改建空了許久的包廂做民宿，招呼旅客來華谷睡一晚，對收入有幫助，且從理容體驗認識台南，會是很有趣的旅行方式。雖知會了父母，但完全沒得到支持就自行動工，阿爸卻也默默以行動關懷，繼續把店裡的花草照顧得生機盎然，還自願當起房務。

本來在電子業上班的阿嘉，上海出差時偶遇理髮師工作的畫面，也許是生命轉折的關鍵，索性先到別家沙龍做「產業觀察」，學習時下剪髮與傳統理髮的差異處，約一年後被阿霞喚回華谷幫忙，至今已和阿母一起工作八年。

▲ 理容椅套上繽紛花布，改裝成民宿床鋪。

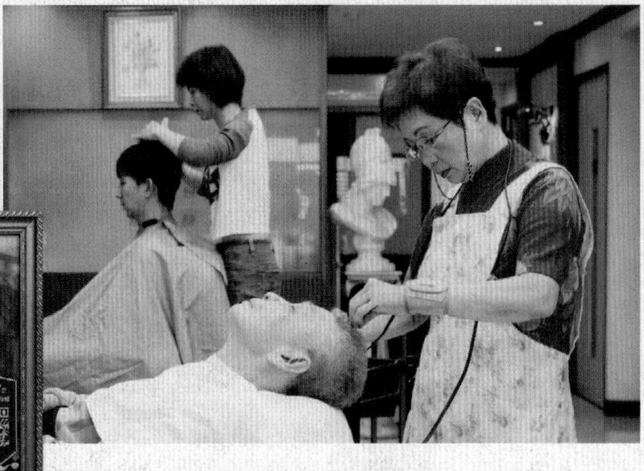

◀ 老照片是懷著大女兒的阿霞幫客人理髮，現在和二女兒一起工作。

透過版畫工作坊記錄「理容對你而言……？」▶

複合理容文化推廣，也復合家庭關係

阿淳說，最早「理容院哈司托」住宿體驗是為了華谷而做，後來帶著客人走逛台南，有時間她就去採訪其他老理容院，每位資深理容師都激發她的策展雷達。２０１５至２０２２年間，她在華谷辦講座、展覽，申請補助做了許多有趣的事情，串聯理容院並推薦周邊順遊私房點，每個人都能出發探訪的「理容院城市生活博物館」因而成形。她笑說：「很敬佩阿母，能包容我在華谷推別人家的理容院。」這些年也因補助計畫不得不頻繁與家人互動，修復了她和阿母原本劍拔弩張的關係。

發行理容導覽小冊、拍紀錄片，延伸可愛的「理容笑咪咪」計畫，捕捉理容院老闆們下班後喜歡的事物，再為了播紀錄片而做「城市洗頭車」，辦腳踏車走讀、版畫工作坊、探險團做圖文Zine……皆以理容院為軸心走訪城市記憶。

阿淳用各種具備「身體感」的活動，來讓更多人認識和身體緊密相關的理容文化，華谷因而交到許多朋友，阿淳和阿嘉獲得其他理容院老闆如親戚長輩般的關愛；來店的各地旅客、日本人、德國人等，為阿霞與按摩阿姨們的工作日常增添新鮮感。影響層面之廣，又好比現在店裡的第三位理髮師——期期，正是因好奇參加活動，後來進入華谷成為工作夥伴。

▼ 停靠在東來理髮廳前的城市洗頭車。

▲ 美娜士理髮廳創辦人黃機會的女兒黃秀惠，坐在爸爸生前工作專用的1號席。

洗頭、理髮、按摩，用身體喚起文史意識

店內角落佈置著多幅老照片，有時會領著客人參觀樓下包廂，理容院斜槓處處見證城市微歷史的真人圖書館，在關照身體門面之餘，也照顧了客人的精神層面，提升人們對於生活所在的關注意識。又或許，每個來到華谷的客人，都可以嘗試回答：「華谷對你而言，是什麼呢？」

阿霞認為華谷是她的使命，一處讓客人變美的地方。阿嘉說，華谷像廟埕，阿霞則像吉祥物般的存在，四面八方來的客人，固定時間來理髮，不期而遇聊上幾句，進行現代社會可貴的實體互動。

一週有三天在實驗教育機構教課的阿淳，去年開始學理髮，持續探訪老理容院是她休息的方式，到東京拜訪變成朋友的民宿客人和理髮廳，同是因華谷而起的緣份，「前幾個月我從日本回來，拖著行李走近華谷，發現燈還亮著，進門時，看見我姊跟我媽都在，華谷呈現這樣的畫面會讓我覺得很安心。」對阿淳而言，華谷是家，是存有安心感和包容自我探索的所在，相信對老客人也是如此，而每場以華谷為起點的活動，同樣影響了更多人動身探索城市和自己，客人們到華谷打理門面，也梳理身心。

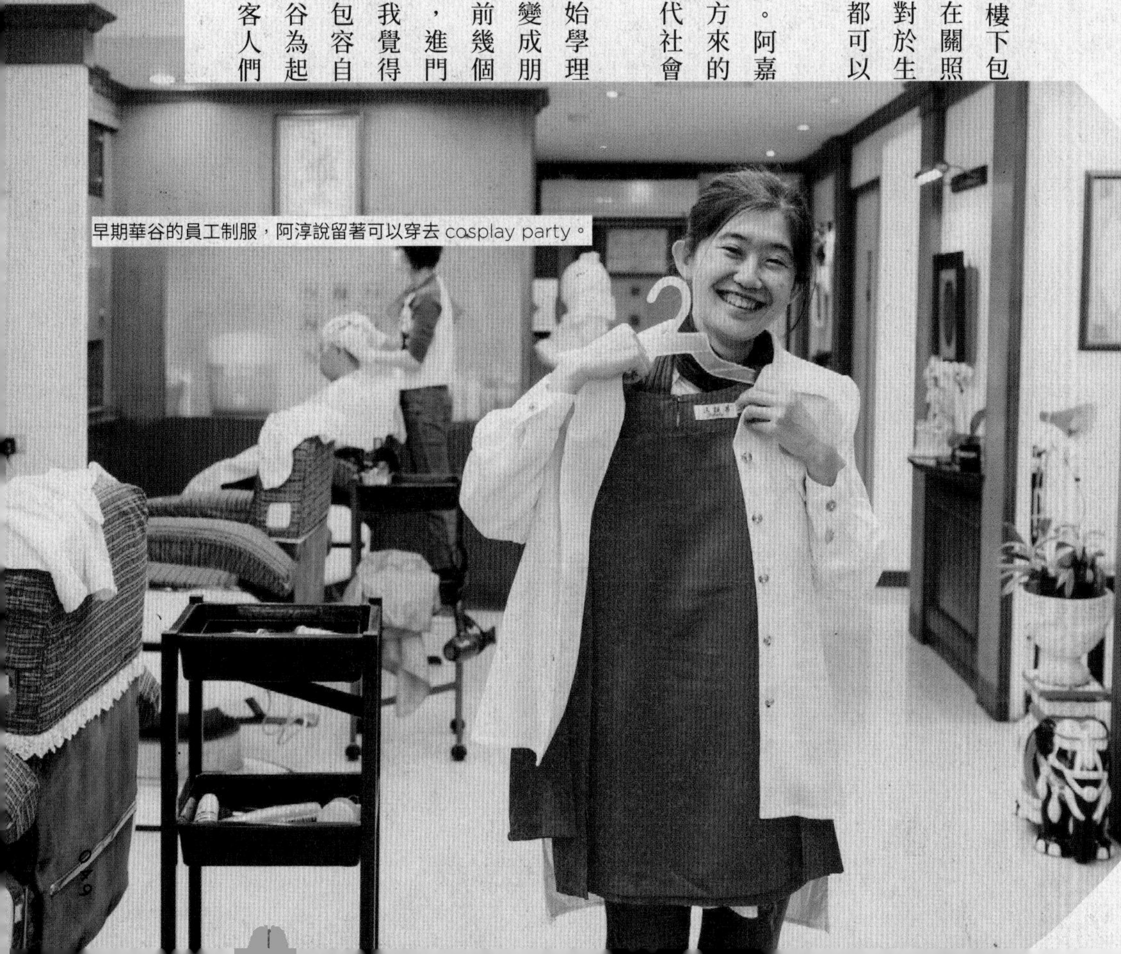

早期華谷的員工制服，阿淳說留著可以穿去 cosplay party。

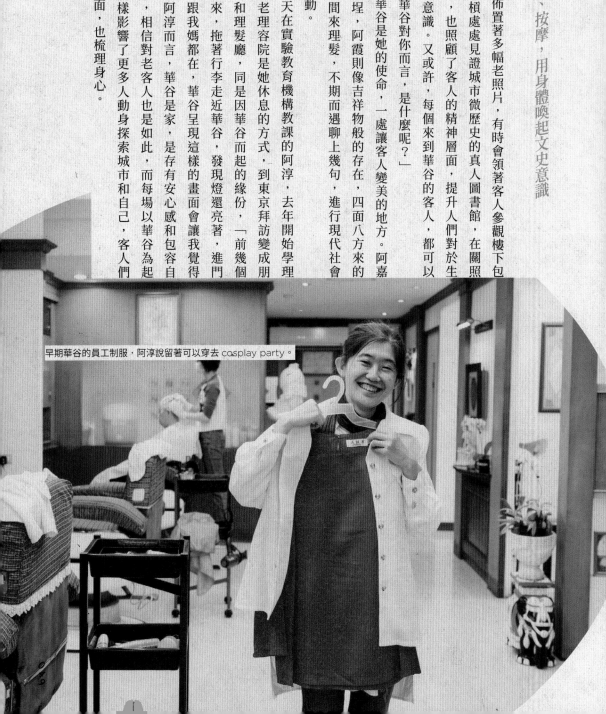

HUANG barBER SHOP

歡迎光臨～華谷理容博物館

003. 理髮椅套

華谷的紅格紋椅套年資已有30多年，不像別家常是現成的白色椅套，喜愛自己挑布做衣服的老闆娘也如此照顧她的理髮椅，到西市場選布請人縫製，裁縫師還是阿淳的奶媽。紅格紋流露英式風情，與台灣製「70精工」理髮椅混搭成店內經典風景。

004. 排班表

古早智慧排班表，每位師傅都有自己的代表號碼，牌子正反上下印有號碼、等班、下班、休息、外出字樣，翻好了牌，師傅狀態一目瞭然。當來店客人無指定師傅，經理會依據等班順序安排。近40個牌子見證了華谷在西門路三段時的全盛時期。

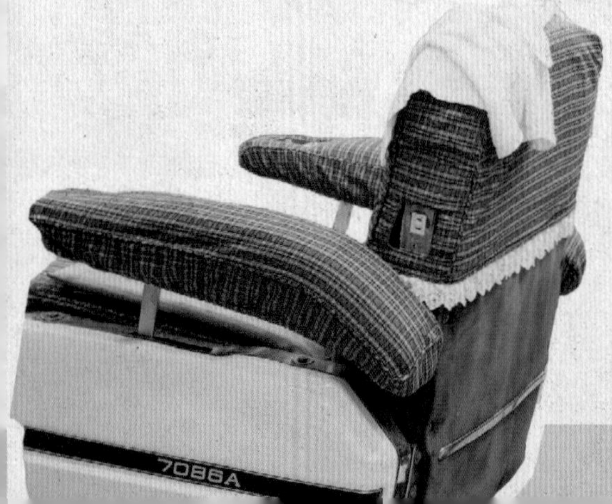

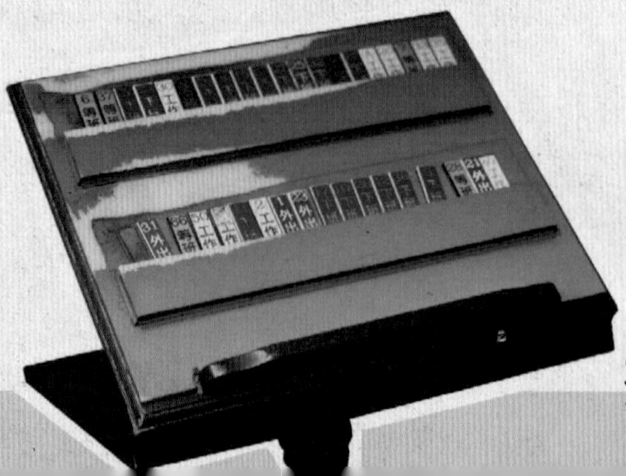

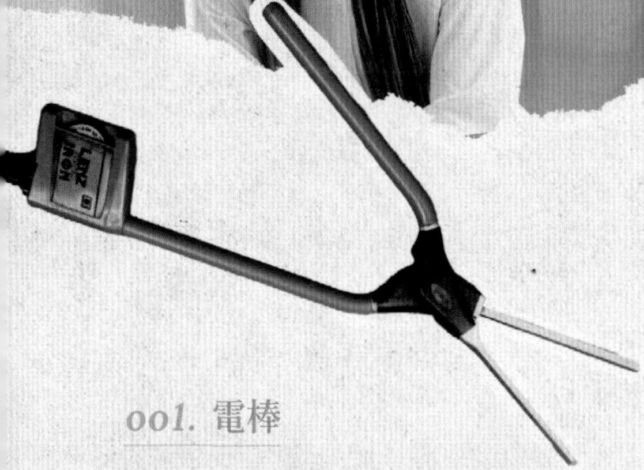

001. 電棒

僅靠插電後的熱能、不使用藥水的男士電棒燙，盛行於1970～1990年代，細細捲完一整頭十分費時，專業技術為早期理容院賺進高額收入。電棒尺寸依據燙捲頭髮長度做區分，有時一次需出動四種尺寸，捲完後再梳開，打造自然有精神的髮型。

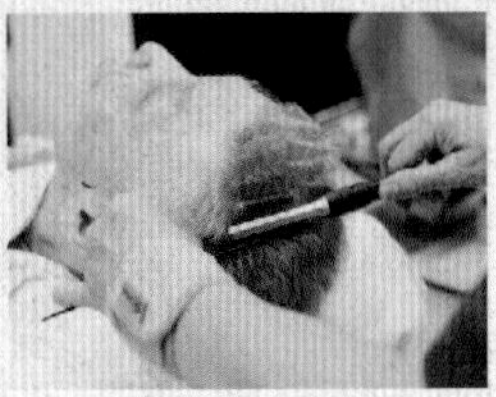

002. 熱毛巾

給客人遮上熱毛巾，是理容必備環節。溫熱毛巾敷在臉上，打開毛細孔，啟動放鬆開關。每間理容院熱毛巾的方式不盡相同，美娜士用瓦斯爐煮熱，華谷則使用插電的蒸毛巾機。毛巾會在洗淨、曬乾後，一一摺疊放入加熱，成海膽和玉子燒隊形等待下一位客人。

不只打理男士外表，華谷在1980年代推出其他貼心服務及體驗（有些持續至今），讓客人感受對生活質感的注重，讓剪髮修鬍成為犒賞自己的旅程。

Old Combine

擦皮鞋

早期男士多穿著皮鞋，上理容院的第一個流程常是將皮鞋交給門口的擦鞋師傅，換穿拖鞋入店，待理容、按摩服務完成，再穿著保養好的皮鞋離開。華谷搬遷過三處，一直都和擦鞋師傅陳仔合作，最早還曾讓師傅住在店裡、協助打掃，有時身兼阿淳的玩伴。

飲料

西門路三段的小北華谷時期，甚至有飲料menu，有可樂、咖啡、紅茶或啤酒等多種選擇，喝飲料、翻雜誌是入門儀式。現在的安平華谷，老闆娘會從大器吧台端出冬瓜茶或熱茶，也能來上一杯咖啡，把冬瓜茶和黑咖啡加在一起喝，正是老闆娘特調。

指壓經絡按摩

華谷是全台南唯一分有理髮部與指壓部的理容院，極盛時期有20位按摩師，設有按摩包廂，女士也能來店享受全身指壓。過往華谷營業至凌晨3、4點，午夜常有舞客上門，也有下了班的舞廳小姐，順路來紓壓保養、醒酒一番，再回家休息。

按摩包廂MTV

華谷按摩包廂曾結合1980年代熱門的娛樂休閒MTV，指的是在影音包廂看影片。華谷以時間計鐘點費的年代，為了讓客人待久些，從外頭租來錄影帶，提供電影、電視劇、綜藝節目和布袋戲等選擇，邊按摩還能邊看影片或聽音樂，可謂五感的享受。

每三個月就換制服

極盛時期的華谷，曾經歷三個月就換一套制服的時光！託客人的福，介紹了製作制服的管道，促成華谷在收入豐厚時，常換櫃子壁紙和制服，為營業空間創造視覺新鮮感，也為客人帶來不同風格的美感體驗。

理容院哈司托

哈司托也就是「Hostel」，建築所背景的阿淳在2015年把閒置按摩包廂改成四間背包客房，拿躺平的理容椅當床用，華谷的按摩服就是睡衣。當旅客晚上回到華谷，剛好享受全身按摩、男士剪髮修容，體驗華谷服務一條龍。可惜民宿在2017年被取締而結束。

發行導覽小書

這本《從台南老理容院出發，重返昔日老紳士的日常》在2017年發行，現還有極少量在華谷販售。阿淳集結從做民宿時展開的田調，將理容小知識、14間台南老理容院的特色故事及周邊順遊記錄其中。小書成為阿淳持續理容院城市旅行的起頭，也是其他讀者探索城市記憶的指引。

城市洗頭車

小書編輯過程，老理容院消逝的速度讓阿淳動身拍攝紀錄片，為了播映影片，邀請建築所學弟吳緯鴻協助打造「洗頭車」，唯有報名城市洗頭活動的人，能在車上邊洗頭邊體驗高高在上看台南風景、或在路邊收看紀錄片。洗頭車甚至像神轎般，以人力拉動遶境台南市區，停在廟埕交流理容故事，也以此發展出後來的馬路沙龍講座，主講者不僅有理髮師，也延伸到關心城市文史的各領域在地工作者。

藝術家駐村

阿淳一直想邀請藝術家來華谷駐村創作，既可運用閒置空間，也能將理容院以不同視角往外擴展。2022年找來徐莘、古韻琳，其中用雙手刻版畫的徐莘，果然對理容院裡工作的手很有感觸，完成了交集觀察與記憶身體感的《手之輿圖》。現在華谷B1有間包廂展出了駐村創作及工作坊紀錄。

Welcome

2015年起，身為華谷二代的阿淳展開一系列行動，逐步串聯老理容院，將台南連結成沒有展期限制的理容生活博物館。許多人因而從華谷開始對早期理容文化有興趣，延伸對城市記憶的關懷。

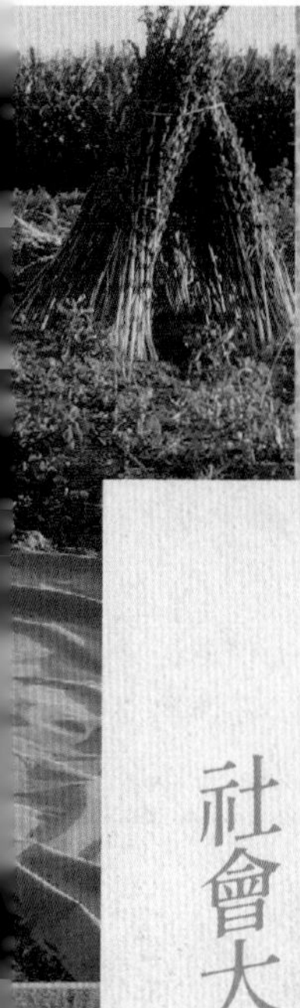

也農也工的熟齡人生

文字、圖片提供──柳琬玲

勞工教我經濟學，社會大學啟蒙課，一生銘記。

曾是任職於台北非營利組織的上班族，兜兜轉轉在幾個縣市流浪過、轉換過多種不同型態的工作之後，中年時期回到故鄉，成為半農半X的半廢業中年。

青年期精力充沛，以為時間是取之不盡的。中年才知道時間是消耗品，是抓在手中握不住的流沙。唯一相同的，就是，總嘆自己老。

一樣在嘆老呀，青年期掛在嘴邊的老，其實是對少年記憶的留戀，算得成長告白，帶點為賦新辭強說愁的況味。中年期的老，就伴隨恐慌。父母在眼前演繹著老化衰弱的現在進行式，彷彿預告自己的明天；半百的健康通常拉警報，是往

Combine Famer and Labor affairs personnel

日輕狂縱情該當的報應。瞬息萬變的職場、失業風險與中齡轉職的艱辛，需要扛住老的、拉拔小的，生活責任正重。前無退路、後有追兵，堪可說明。

咱的青春夢，始於工。

大學輟學後去工廠當品管員，一位機台操作工程師，望著一眼望不到盡頭的生產線，說這個機台的擁有者之所以成為資本家，在於取得第一桶金與機會，然後用機器繼續抵押借貸擴大生產規模，聘更多的人來轉動更多設備，用錢才能滾錢。勞工教我經濟學，社會大學啟蒙課，一生銘記。

台北打滾幾年後，因緣際會到原住民部落工作，山區部落跟著族人農務，才接觸到土地，體會到彎腰勞作、與大自然掙食，另有一番踏實。怎麼說呢？白雲蒼狗風雲變幻，經歷人情冷暖感嘆人之善變與無常，還比不上作物與大自然只要悉心照顧便可期待收成。部落的工作結束後，返回故鄉嘉義東石，面對奶奶留下的一方瘦田，不知不覺間，生命就被土黏住了。

這一塊黏人的田只三分，不大。聽人說如果要以專業務農生活，以我們這個位於海邊風頭水尾處、以雜糧稻麥為主的農區，

一再斜槓的生命，
因而走出多元發散的軌跡。

起碼要再租六甲地，才夠養家活口。但，三分田也不小，每一次嘗試落種花生，沒有農機手工操作的我總無法及時完成除草作業。作為一個不打藥、不落肥的自然小農，田中無井、看天望雨、極端氣候等等，又花費多數時間在兼差打工，無法專注田間……諸多因素，導致這土黏之路，走得歪歪倒倒。歡喜收成者少，歉收甚至顆粒無收的機率較多。

無法成為專業農來支持生活，只能半農半工，一再斜槓的生命，因而走出多元發散的軌跡。同一時期，通常會有一到三個不等的兼職，交叉在週一到週六的白天，以保障貨幣需求，包括養車、繳稅、修繕家屋、種子、打田、就醫與照料父母。穩定的現金收入，需要用案牘勞形來換，但可以保父母安心；眼看父母衰老，奉養已是最迫切任務；幸運的是，父母自己有積蓄與退休金，對女兒的需求，只是陪伴。

在職務代理人、雜誌採訪撰稿、農場田間管理員、大學兼課講師、餐廳外場經理、NGO專案經理等各種兼差數年後，終於，在52歲的去年，我得到一份工會兼職會務的工作；奇妙的是，這曾是青年時期最想要從事的工作。彷彿翻轉360度必定盪回原點，一路斜槓16年之後，無預期地槓回了初心。

發現自己能耐著性子完成，辛苦但快樂著。

任職於工會的意思，就是以會務人員身分，奉眾勞工為老闆，凝聚眾人意志形成行動方案，執行工會的運動方針。工會的事務既雜又專，且多年物換星移法令變化，需要重新爬梳適應之處頗多；它是集合勞工之力與老闆協調勞資事務的戰場，但似乎所有繁雜與困難在心甘情願下都不算什麼了，發現自己能耐著性子完成，辛苦但快樂著。

回看當下，耳順之年；一方沙田，讓我春天隨意雜種自已想吃的各種豆類、秋天種花高芝麻榨油販售；最要緊的是，即使突然失業，因為有田可歸，田裡粗糧可食，就感覺人生猶有退路；南延續之前在部落建立的人際，南橫山林的黃梅、紅李，仍然不時地在廚房的火爐上滾沸煮著醬。半農半X的生活，雖然注定庸碌如自轉不休的陀螺，但退有一方瓦厝安居，能勞作、能讀書；進一步，當機會到來能嘗試有興趣與動力的工作，又何嘗不是得償所願的幸福。

今春仍缺水，田裡的花生，趁著上一波春雨前落種，陸續吐了芽。清明連續假日，除了祭拜祖先，也繼續把各式豆類的種子種下。家裡的濕廚餘與後院竹園的落葉，一併搬到田邊角落去做覆蓋與埋肥……。入夜人乏，趁早安眠，明天破曉，正好下田落種；而後，就要驅車去朝九晚五，上班去賺取薪資收入。

感謝且農且工的人生，且忙碌，且知足。也許時間、體力不大夠用，但有自然田間相伴，又能舒展志願，雖人生半百，仍是好時光。

停一下，想一下

變

Q——請給自己的生活「一個字」。

「變」，可能是我人生的基調吧。一直嘆息自己斜槓的人生，如同滾動的石頭生不了青苔，缺乏實質累積；年近半百才感覺到，寬泛的人生閱歷也可以是面對生活的底氣。

廚房

Q——日常閒暇喜歡做的事。

偶爾有半日閒暇，最愛待在廚房，隨興泡壺茶、拿本小書閱讀。肚子餓了就打開冰箱，挖出壓在冷凍空間的食材，慢煮、慢吃，通常吃飽睏倦就可小憩。

自在

Q——一天的尾聲，用晚餐時的想法。

通常是開心一天的事情完成了。晚上沒有天光可以用，就做室內可完成的事情，例如灑掃、洗衣、整理內務、挑豆等。一邊挑豆，一邊追劇，一邊煮茶，也是自在。

柳琬玲

嘉義人，住在海線東石，照顧三分旱田。喜歡勞動流汗、寫字抒懷，也愛美食美酒佳餚。喜愛訪談與報導。創辦「上山採集工作室」，製作販售南横梅果果醬、與田間產出的雜糧。

（攝影／洪振沖）

不再質疑，生活經驗的累積就是學問

口述、圖片提供——鄧富雄．文字整理——廖貽柔

20幾年前，結束輾轉在外闖蕩的歲月，回到旗山開了間髮型工作室，以美髮師的身份重新落腳這塊出生、成長的土地。當時的我，肯定想像不到，此刻會再次拾起年輕時熱愛的攝影、再次牽起和地方的緣分，以及——再次愛上故鄉。

會從事美髮業其實是陰錯陽差，退伍後軍中的同鄉在高雄市當髮型設計師，我便跟著他來到市區成為學徒，從此踏上美髮之路。跟出身學院的學生不同，他們對美髮專業既有自信、又有熱忱，而我不一樣。那時的我很沒自信，只覺得：如果不抓緊這條路，到頭來可能什麼都不是。

Combine Hairdresser and Local worker

像我這種做美髮的，在務農的村民看來是不同世界的人，是他們眼中的「都市人」。

不過，大都市的生活充滿誘惑、開銷龐大，待在高雄市的時間越久，我越不快樂，最後在32歲那年決定搬回老家旗山福安庄。回鄉後日子過得很平淡，每天被美髮師的工作填滿，大約晚上7點多收工回家，街上已杳無人車聲，只剩蕭條跟落寞。和村民也沒有共通話題，留在鄉下的大多是老人家，像我這種做美髮的，在務農的村民看來是不同世界的人，是他們眼中的「都市人」。

這樣的生活，直到五年前才出現轉捩點。

五年前的某一日，一位從事社區工作、在「小鄉社造志業聯盟」任職的社工來剪髮，邊剪邊和我分享做社區營造的趣事。下班後，我追蹤了小鄉社造的社群粉專，一看之下才發現：原來做社區可以這麼有趣！漸漸開始留意這個領域。巧合的是，那年村裡剛好成立了「雞油樹下客屬文化發展協會」，雞油樹下是福安庄的舊

名，協會的目標是推廣福安庄被遺忘已久的客家文化——福安庄世世代代都講客家話，但周遭全是閩南庄頭，久而久之，外人也以為我們是個閩南庄，大家想讓外界重新看見我們的客家文化。

只不過，該怎麼做呢？協會成員很多都是社區長者，不擅長電腦操作或活動的規劃、紀錄，於是我便被請去幫忙。就是在這一刻，我湧起「想把家鄉的點點滴滴記錄下來」的念頭，也回想起年輕時熱愛的興趣：攝影。年輕時玩的是底片相機，而後擔心荒廢正業，這一收手就是數十年。而今，我買的是數位相機，為了好好記錄家鄉事，重新學習數位拍攝。

我開始從鏡頭後觀看福安庄，許多變化也從那時萌芽。為了幫協會記錄客庄傳統，和村民們打交道的機會變多，這才發現，原來不只他們不大了解我，我好像也不大了解他們，其實我們有很多共同的生活經驗，時常拍一拍就坐在田埂上聊起天來。也有許多人一開始因為害羞而不願意被拍，我每次問：「幫你拍照好不好？」他都擺擺手：「不好不好！」但工作一陣子後，又抬起頭來問我：「啊你不是要拍嗎，怎麼都不拍？」

攝影也牽繫了有趣的緣分。村莊的信仰中心是客家鸞堂「宣化堂」，有回拍攝祭祀活動時，與廟方聊到即將消失的扶鸞問事傳統。心裡覺得可惜，我一面拍、一面隨口問：何不重新來練練看呢？沒想到，就因為這個無心的提議，逐漸參與宣化堂事務，甚至成為副堂主，在村裡漸漸說得上話。原先不大相信神鬼之事，如今也坦然覺得：或許這就是我的使命吧。

而我最喜歡的，是古道行腳與客語推廣。彼時，為福安庄拍攝的照片慢慢幫這個村落打開知名度，也得到美濃愛鄉協進會與旗美社區大學的關注，邀請我一起合作。我也因此更了解福安庄的歷史，得知此地先民百年前是從美濃翻越山頭而來，

開始從鏡頭後觀看福安庄，許多變化也從那時萌芽。

啊，原來我是這麼渴望追溯我的根、我的客家本源。

行遍古道，最後遷徙至福安庄落腳。小時候我常聽老人家談起這條古道、也很愛自己在裡頭探索（還常常迷路），沒想到長大後才認識藏在古道背後的歷史，並進一步參與和記錄愛鄉協進會修復古道的過程。接觸古道所串起的村落史，彷彿點燃我身體裡的客家血脈，這才發現：啊，原來我是這麼渴望追溯我的根、我的客家本源。以為自己可以接受下一代不會講客家話，但原來我真正想要的，是把客語傳承下去。

想做的事越來越多，但本業依然是美髮，只不過調整了工作步調。投入社區攝影和社區營造後，我將美髮店改為預約制，濃縮美髮工作的時數，以此爭取更多自由時間。鄉下地方不習慣預約制，一開始流失了不少客人，但後來與村民建立起默契，現在會來預約的都是老客人、老朋友。一邊工作一邊和他們談天說地，這樣的美髮師人生好像也比之前快樂。

美髮帶給我溫飽，而攝影和社區工作則讓生活充滿色彩。

一個高職畢業生能做什麼呢？從前那個沒自信的我，時常這麼質疑著。走過這一路才領悟，生活經驗的累積也是一門學問，美髮使我無後顧之憂，攝影讓我發現自己是被需要的，能讓我們引以為豪的客庄傳統被更多人看見。回到家鄉20多年，從對故鄉感到陌生，每回遇到村民，他們都說：「啊，你是某某某的兒子。」而今，大家看到我父親，變得會說：「啊，你是小鄧的爸爸。」這些改變，便是歲月積累的豐饒。

停一下，想一下

回

Q——請給自己的生活「一個字」。

「回」，回家的回。第一個層面是村落歷史，想追溯原有的客家籍身份認同。第二個層面是個人的生活價值，走過在都市、只想著賺大錢的時期，想找回小時候生活在家鄉最單純的初衷。

溪邊

Q——日常閒暇喜歡去的地方。

喜歡去家裡後面的溪邊散步，以前村庄的人幾乎都在溪流對岸的山上工作，國小、國中時常在溪邊玩，是充滿回憶的地方。

規劃

Q——一天的中間，吃午餐時的想法。

「這幾天時間安排得還好嗎？等等的客人有哪些，幫大家理完髮後要去做什麼事？」一放鬆下來就在規劃如何運用時間，但每次計畫都趕不上變化（笑）。

鄧富雄（小鄧）

美髮師兼攝影師、文史工作者，高雄旗山「小鄧髮型工作室」店長，曾任職於雞油樹下客屬文化發展協會、旗山宣化堂、美濃愛鄉協進會，致力於客家文化傳承。

combine一下

文字——陳章聿．插畫——Susan Hung

KEYWORD 003. #一加一？

許多老闆都曾公開宣稱：他們所創造的複合事業將產生「一加一大於二」的效果。遺憾的是，這些事業常以失敗作收，一加一最後只等於零。實際上，複合策略所追求的「綜效」，往往只是管理層的美好想像。真實世界裡，消費者去3C賣場，不見得就要喝杯咖啡；麵包店結合酒吧在東京行得通，在台北卻不一定受歡迎（以上皆為真實故事）。成功的複合策略，也許真能像教科書所說，獲得情報整合、成本共用、坪效提升等種種好處。不過也請記得：還有成千上萬個複合策略的失敗案例，全都沒能收錄在教科書裡。

KEYWORD 004. #萬能店員

複合式店鋪或許是資本家一手打造的超級戰艦，但真正讓這艘船能夠行駛的人，其實是大批領薪水的小職員。不管店裡要增設咖啡機、霜淇淋機、熱壓吐司機，員工都得諳熟其SOP。在台灣，只要提到這種需要處理超多瑣碎任務的基層工作者，人們總會聯想到超商店員。如同2021年出版的《萬能店員》所言：連鎖超商每增加一樣新的機器設備，消費者就獲得更多便利，企業也將獲得更多盈利。而店員呢？他們變得更加萬能，也更為血汗。

KEYWORD 005. #走鋼索的人

企業家童子賢曾將誠品集團比喻為「鋼索上的獨輪車」，意指經營者必須在書店本業的文化理想與集團整體的盈利現實之間尋求平衡。任何一種複合事業都需要獲利才可能持續存活。不過在賺錢之外，這些事業在成立之初，也可能承載著教育、社福、慈善……等各種理念。獲利與理念，哪個該擺在第一順位？也許除了誠品，還有許多擁抱複合策略的創業家，也都在苦苦思索同樣一個問題。

KEYWORD 001. #微波爐革命

1958年，首間IKEA家具賣場在瑞典正式開業。兩年後，該店附設的餐廳引進了當時還相當罕見的微波爐。這種最新發明，能在十分鐘內搞定一道雞肉料理，引起了群眾矚目，也為IKEA帶來更多顧客光臨。今天的IKEA餐廳顯然已升級進化，但微波爐在其他各種產業附設的簡易餐飲場所當中仍深受倚重。20世紀後期，微波爐的普及應用大幅降低了熱食製作門檻，許多店鋪也開始能考慮複合餐飲服務。畢竟，餓肚子的人可是不會多買東西的唷（——這句話是IKEA創辦人說的，難怪他想開餐廳）！

KEYWORD 002. #魔鬼氈哲學

現代百貨量販業講求「停留經濟」，意思是顧客待得越久，買得就會越多。基於這種想法，各種有助於挽留客人的複合設計，遂應運而生。引進知名餐廳品牌，大概是最常見的招數。以前的邏輯是賣場逛累了就吃，現在是要顧客專程來吃，吃飽了再順便去賣場逛逛。除了美食之外，商場的留客術還包括扭蛋機、夾娃娃機、電話亭KTV、遊樂場、品牌outlet……這種策略思維，曾被國內一家財經媒體比喻為「魔鬼氈哲學」。只要能把消費者黏在店裡，什麼形式的複合，都值得考慮。

服務理念＋新空間

COMPOUND 02!

面對著林邊溪，位於屏東來義的「部落蔬店 PAIWAN A LAMI」意思是「排灣的糧食」，但它更像一座圖書館，是田地被溪水沖毀之後，不得不遷居永久屋基地的族人們，仍懷念著身體的勞動，以汗水寫字，用作物畫圖，種出排灣文化的篇章，再與大家分享的空間。

把傳統作物放進冰箱，讓排灣文化常保新鮮

文字——謝欣珊・攝影——李建霖・圖片提供——部落蔬店 PAIWAN A LAMI

「你看這個高麗菜很結實，像石頭一樣，看起來很小顆對不對？你切成絲就會變多啦！」一大早快80歲的「資深小農」古爸爸，興沖沖地送來幾顆還沾著露水的高麗菜，讓店長秤重之後算錢給他，接著包裝上架。陸續幾位農友送菜過來，量有多有少，「哪怕送來一斤、幾兩，我們都會收！跟著拍賣市場的價格再調整一下，不會讓大家吃虧的。」蔬店靈魂人物兼志工的Ljavaus.ibunuq（菈法鄔絲．伊部諾峨）說，「小農跟我們沒有簽約，他想送哪裡都可以，部落就是信任。」唯一的規定就是送來的農作一定要用對土地友善的耕作方式，「因為我們的祖先就是用這種方式來生活。」

耕作找回部落凝聚力

風從溪床上吹來，紅藜梗、芋頭葉在蔬店周圍的田裡搖曳著，穿插幾叢龍葵、苦苣、野莧，「這可是我們排灣族的三大野菜！」抬頭不遠處是即將完工的芋頭窯，「因為生鮮芋頭只能放一個禮拜，我們要趕快烘乾才能保存。」窯邊Ljavaus的媽媽Ubi.gade（河蘭英）正拿著鏟子從土裡撬出芋頭：「你看最大顆的是祖先，是我們最先種下去的種

跟著長輩一起下田，聽各種作物的排灣故事。

▲ 召集部落的資深鐵工師傅們一起蓋傳統芋頭窯。

▼ Ubi.gade 煮排灣傳統美食樹豆湯和大家分享。

子，小顆一點的是媽媽，叫做bugul，更小顆的都是它的孫子。」

長輩務農時，通常會詳細說明作物的每個部位、名稱和處理方式。「透過勞動教我們，怎麼用族語認識作物的品種和名字。」Ljavaus笑著說，每次她忙著記錄的時侯長輩都會唸她，「為什麼不來種田？田裡也是可以讀書啊！」

部落蔬店開設的初衷，是「新來義部落發展協會」想在部落裡種回傳統作物、建立在地知識，起點則要回溯自2009年的八八風災。災後部落受創嚴重，居民們紛紛被安置到永久屋基地，但排灣族人的居住單位是「家族」，永久屋基地的建置單位卻是「家庭」，小小一間根本住不下，族人四散，「部落人心惶惶，不知道未來的方向，所以2012年成立協會，目的是想找回部落的凝聚力。」當時還在來義鄉公所上班的現任理事長Gaku.ibunuq（嘎酷．伊部諾峨）先提出「心靈耕地」計畫，在永久屋旁邊規畫了一塊田地，想讓大家一起種小米，「回顧以前在山上耕作的回憶，就能忘記眼前的災難。」

勞動分享就是在地知識

勞動是生活，排灣族人習於勞動，在基礎建設頻繁的1970、1980年代，部落族人紛紛離鄉到全台各地做鐵工，做到身體無法負荷才回到原鄉生活，「大家都想種單一的高經濟作物，後來都崩盤，我們就想說應該要分散風險，按照部落原本的種植方式，在該採收的時間採收，把在地知識慢慢建立起來。」Ljavaus認為族人並不是忘記原本的生活，只是外出工作久了，已經習慣貨幣經濟的思維，「商業行為把以前分享的精神斷裂掉了。」

觀念的衝突其實Gaku自己就有深刻體會。身為父漢母原的混血兒，初中畢業就到金門當職業軍人，接著到台北做鐵工，一直到考上公務員返鄉之後，都還因為被歧視欺負而討厭原民身分。有趣的是他娶了標準的排灣太太，也就是Ubi，「很愛分享！有客人來她都會煮一大堆，怕大家吃不飽，把他們當朋友，這是原住民共有、共享的本性。」在太太身邊他的原民意識不斷被喚醒，以及當年屏東縣政府舉辦第一屆「聯合豐年祭」①，鄉公所的業務也是由他負責，「才發現很不認識自己的文化，到處問族人，發覺我們在生活上、文化上真的很豐富，我才開始感覺應該要學習。」

▲ 理事長 Gaku.ibunuq 積極記錄部落知識，保存文化。

◀ 紅藜是傳統作物之一，現在會加進飯裡一起煮。

▶ 各種交流在此發生，小小的蔬店有大大可能。
▼ Ljavaus.ibunuq 近年返鄉，是協會事務和文化保存的重要推手。

種出一條回家的路

懷抱著這個想法，加上住在永久屋的族人還是想要回來自己的原居地，「那我們乾脆來活絡這裡的農事。」2014年Gaku以協會名義申請「原住民族部落活力計畫」，找族人一起用傳統農法種植傳統作物，並開設部落蔬店的前身「部落農夫小舖」平台來支持產業重建，要幫族人把吃不完的菜賣出去。

「剛開始大家都想看我的笑話，覺得做不起來。」於是Gaku先邀請一、兩戶親戚，大家喝飲料聊天，「把心裡的話講出來，說我們有分享的傳統，為什麼不把這個精神拿來合作？」漸漸地原鄉的畸零地上，各種作物混生的風景勾起族人的童年記憶，且大家最厲害、最會種的就是傳統作物，從過程中獲得認同與感動，「開始談話，感情就回來了。」

這間農夫小舖帶起鄰近聚落也開始販賣傳統作物，2020年把店名改成好記的部落蔬店，加上網購服務後更是一炮而紅，菜賣得好，族人也更有信心歸返傳統農作，而接觸的顧客越多元，蔬店也就更能透過「賣菜」轉譯、宣傳排灣文化。未來除了繼續記錄、保存傳統農事的知識，Gaku、Ljavaus等族人也正在規畫田調收集排灣族來義系的傳統歌謠，經過重新編曲再推廣出去，將部落裡過往未留意而流失的傳統文化種子，收集建構地越來越完善。

註：
① 排灣族沒有「豐年祭」，慶祝豐收的祭典是「小米收穫祭」。

紅藜、黑藜 djuljis

紅藜是製作酒麴的原料之一，酒麴做好之後和小米一起發酵才能變成小米酒。在部落的傳統中會由固定家族專門製酒，祕方不外傳。黑藜則是在來義部落發現的原生種，除了顏色不同，營養價值與口感、味道都和紅藜一樣。

樹豆 pu'k

樹豆分為黑色與白色，白色較為常見，因此黑色價格較高，但其實吃起來沒有差別。受到客家人的影響，族人也會用來煮湯。來義部落從前在山坡地種芋頭時，會把樹豆種在芋頭田周圍，因為芋頭是淺根，利用樹豆的樹根抓住泥土，下大雨時土壤才不會輕易流失。

TRADITIONAL CROPS

農地到餐桌的傳統作物

小山芋 avasan

avasan的意思是「真正的芋頭」。早期沒有冰箱，部落族人在收成之後，會用芋頭窯烘烤成乾，直接食用或煮湯都行，出遠門打獵或到田裡工作時也會帶著當零嘴，芋頭乾粉則能包進小米粽（cinavu），還能製作醃肉（valeng）。芋頭乾還有避邪作用，到其他部落時放一顆在口袋，防止不乾淨的東西侵犯族人。

小米 va'u

小米作為主食，在種植之前會由頭目選擇田地，讓族人開墾、種植，收成全部交給頭目，在重要祭典「小米收穫祭」上分享給族人。掌管部落祭儀活動的祭司，則會拿著小米的梗點火起煙，引領祖靈前來參加祭典。而小米梗曬乾之後可燒成灰拿來洗頭髮，能讓頭髮烏黑亮麗。

POINT 003.

文化保存教育部

蔬店裡有一排透明的玻璃罐，裡面裝著各種傳統作物的種子，「保種」是蔬店在文化保存的重要工作之一，像是過去只在來義部落出現的「黑藜」，現在還能看得到就是保種的功勞。保存下來的文化要靠教育活用，因此在蔬店的粉絲專頁可以看到許多傳統作物的族語、耕作方式及作物用途，如傳統料理「地瓜籤粉粽」（linpang）以及超級乾糧「芋頭乾」（aradj），還有原來佛手瓜就是龍鬚菜的果實……等等。2022年開始部落也與屏東大學「人文創新與社會實踐計畫」合作，一起記錄豐富的傳統農耕知識與作物。蔬店旁、命名為「三塊石頭」的開放式廚房，則是學校食農教育體驗、文化走讀活動最適宜的場所，和VUVU們一起下田揮汗學習，充實有趣。「協會覺得農田的利用也可以休閒，多一個管道讓大家認識我們用自己農作物做的傳統料理。」Ljavaus還加碼介紹蔬店隔壁的「原裳工坊」，專注於排灣族的傳統工藝月桃編織，從採集、處理、編織都有詳盡的介紹與教學。

POINT 004.

店裡店外超連結

蔬店經營到現在也累積不少好朋友，開啟蔬店更多可能性。如位於屏東市區的「繫。本屋」獨立書店就在蔬店裡開了一區小小的「分店」，讓蔬店也是「書店」。「小農餐桌」創辦人Muni更是Ubi的忘年之交，「她們兩個感情很好！她也會來這裡買菜，小米麵包的小米也是從這裡買的，很多傳統料理也有來這邊交流。」傳統作物甚至走出部落，這幾年協會收到農業部林業及自然保育署屏東分署的邀請，提供林後四林平地森林園區的一塊土地，「讓我們去種傳統作物當作可食地景，有時候種小米，有時候種紅藜，最近是種芋頭。」Ljavaus還補充作物的熱門程度：「上個禮拜我們過去收成，客人一吃到馬上搶光！」

POINT 001.

理念宣傳聊天室

「我們在賣理念，聊天很重要。」Ljavaus說無論在蔬店、部落廚房，還是部落媽媽帶著菜到外面擺攤，「就是要聊天！客人第一次看到菜不會煮，看店的媽媽會告訴他怎麼煮，有興趣就買，真的不會煮就不要買，以客人喜歡的方式做推廣，重點是交朋友。」聊天過程得到部落裡的農作知識和故事，進而讓更多人了解回復傳統農耕及種植傳統作物的重要性。當理念廣為傳遞，副作用就是農產能賣得更好，讓更多族人甚至鄰近區域、不同族群的原住民想加入，就能有更多作物與耕作方法被保存下來。

POINT 002.

農作知識交流站

禮拜天上完教會活動，供應蔬店農產的農友們通常會聚集到蔬店，「坐下來喝東西聊天，先閒話家常之後，就開始正式進入農田耕種的交流。」有時是交換需要協助的工作情報，讓大家互相幫忙；有時是交換種子、種苗互相支援，鄰近想復耕傳統作物的鄉鎮也會來問。「送農產來的時候也會彼此檢視，因為店長會把消費者遇到的問題告訴來送菜的小農，大家就會一起討論，看看有什麼辦法能解決。」Ljavaus說蔬店也會和農改場、農試所合作開設農業課程，讓族人學習利用現代技術製作光合菌、益生菌等天然肥料，運用在傳統農耕上，來因應氣候變遷。

issuE → metHod

議題 → 做法的複合手法

部落蔬店不只在部落裡買菜賣菜，農友交流、文化保存、傳承教育店裡都有；而且蔬店還有分身，加入各地市集、餐桌，甚至成為可食地景，要將排灣文化散佈得既廣且深。

服務理念＋新空間

Compound 02!

2022 年初，防疫隔離政策終於放緩的春日，香香澡堂開張了。無家者及任何難獲盥洗資源的人，從此能以一頓免費熱水澡，暫時褪下窘迫、重穩身心。從首月單日不到十人，至現在每日近百人，香香澡堂意外爆紅，踏上了「澡客」族群的社區據點之路。

香香澡堂的社區據點之路

文字——邱宗怡・攝影——YJ・圖片提供——香香澡堂

遠不只是經營空間，店長江孟薰認識每一位澡客。

台北萬華區華西街旁的巷子轉進去，艋舺宗祠的紅牆飛簷與老舊公寓之間，一個文青風的湯屋招牌赫然懸吊著。招牌下，中午過後未久，澡堂門口放置的兩三張板凳，已經坐滿等待洗澡的人。

阿財坐在櫃檯前等候他預約的無障礙澡間，此刻他終於可以把拐杖靠牆、整籃鮮花託放櫃檯，徹底紓一口氣。對每日在西門町、公館街頭骨力（kut-la̍t，勤勞）賣花的阿財而言，香香澡堂的無障礙設施與足夠的休憩空間彷彿動畫《神隱少女》裡接待神明的油屋，是溢出現實世界的異質空間。為表達他內心因舒展得獲顯露的柔軟，他在寄放花籃時，抽了一枝粉色玫瑰花送給店長江孟薰。

從一個淋浴間開始的想像

江孟薰從計畫執行最初時就加入了。「徵人消息寫的是『淋浴間店長』，坦白說我一開始以為是獨立文創小店，連面試的人都不確定這將是什麼」，江孟薰說當時只有電視與基礎設施，連動線都還待規劃。寫計劃的人只有一個念頭：要弄一個空間，一個淋浴間。

弄一個淋浴間要做什麼？想像的初衷是社會展示與倡議。服務無家者的台灣芒草心慈善協會深諳此議題倡議之困難，「一般人不會走進社福單位嘛，所以想有個展示空間，讓社會大眾認識無家者與我們在做的服務」，設計成如此日系美感，明亮乾淨，才不致讓社會大眾們走不進來。

但經營到後面，江孟薰發覺這樣很有距離感，「無家者平常生活在華西街、龍山寺，他看到一個超級白的東西，會變得不自在。」為了讓無家者能放心進來，她開始放雜物、貼公告、擺盆栽，創造生活感。一開始她自己嘗試，逐漸地她讓「所有來這間店的人都能加入發想，讓來澡堂的大家自己選擇要幹嘛」，譬如門前的花園，江孟薰說她「種什麼死什麼，後來一個大哥看不下去自己來種，種得超好簡直要氣死我。」

空間與機制由大家共創

澡堂空間的功能與性格日漸複合，因為工作人員、志工、澡客都參與了共創。在前台管理預約登記的小潘加入香香澡堂才三個月，就為改善流程發明了「發號碼牌」這一步驟。香香澡堂只有四個淋浴間，其中一間配備無障礙設施，專門提供給行動不便與女性澡客使用，澡客一走錯就是20分鐘，後續的預約立刻塞車。小潘在

▼ 無家者為題的攝影作品溫柔返身，伴澡客吹頭髮。

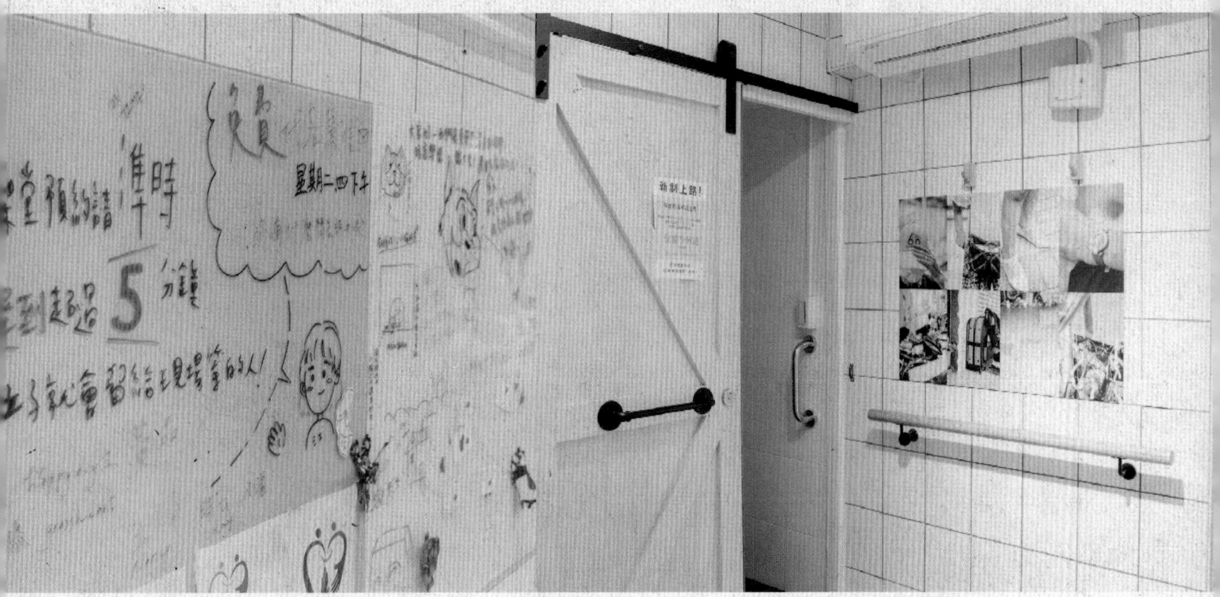

▲ 走道上的佈告牆，有澡堂公約、叮嚀與媒合資訊。

放人進去時，依照分配的淋浴間發號碼牌，小小一個動作就大幅降低了走錯的機率。

「這個工作最大的要求，就是得一眼認出大哥大姐是誰」，曾經也是無家者的小潘儘管能同理那份因長期人際疏離養成的防衛，每日近百筆的預約登記確認，屢遭癱瘓仍教他挫折，「我剛來的時候很常需要店長幫我一起認人，有些人死都不告訴你，只會說：『店長知道我是誰，你去問店長』。」

而即便內建入人臉辨識系統，也不代表關係就能順利建立，「無家經驗讓我比較容易理解他們，但也不會因為理解，我就可以更靠近一步」，小潘深知，與生存處境太過赤裸的無家者工作，得用時間來換。

多長的時間呢？「基本上你要認識這個地方服務的全貌，至少半年，要熟悉人得再一個半年；然後建立關係又是另一個半年。」學電影的江孟薰抱著要在澡堂拍紀錄片、辦音樂祭的夢想而來，經歷了長時間的衝擊和磨合，「前半年每天哭著回家，我不知道什麼是無家者，也聽不懂他們在講什麼。」為聽懂無家者的表達與需求，江孟薰利用工作外的時間自修社工，培養她自己成為複合多種角色的助人者。

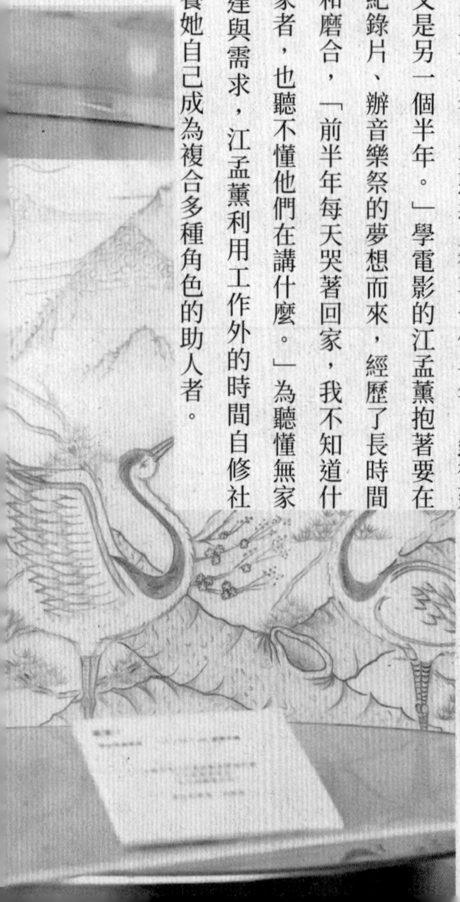

▲ 曾經無家的小潘將經驗化作土壤，參與澡堂運作。

◀ 澡客贈與店長的畫作，澡客離世後寄託許多思念。

「現時人生」不僅有音樂會，更以工作坊深入無家議題。

褪去所有穿戴與印象的澡堂

事實上，香香澡堂本身便是複合性質的。作為店長，江孟薰既不是完全的助人者，也不是完全的服務業，她因此創造「澡客」這個稱呼，待來者為客，而非個案或服務對象。「一方面我不是社工，一方面他們是來被服務的客人，但這又不是商業服務。所以你來洗澡，使用這個空間，就成為族群其中一員，什麼族群？就是這個洗澡的族群。」與其說是管理者或助人者，江孟薰更願意將自己定位為「他們的夥伴」。

玉珠負責淋浴間的清潔工作，直接面臨澡客洗澡超時的壓力，不論是得催促澡客還是被壓縮清掃時間，但她獲得的經驗絕大多數仍舊正向，「有人會說謝謝，有人出來會道歉，說不好意思洗太久。」澡客之間由於都是固定時間報到，彼此之間會逐漸熟稔，甚至相約一起來澡堂，構成玉珠每日不同時段的互動層乃至朋友圈。某次玉珠感冒，有人特地帶了感冒藥，有人分享喉糖給她，讓她感覺「不只是洗澡這件事，而是彼此被牽動了。」

每週的一二四五，當香香澡堂一開張，這個洗澡的族群就浮現，像《神隱少女》裡油屋顯象、神明紛紛現身那般。不論澡客還是工作者，在熱氣氤氳裡，都褪去了某種穿戴在外的衣衫，甚至在洗去社會強加的染污之後，發現腐爛神其實是河神。這是香香澡堂裡才得以窺見的靈光。

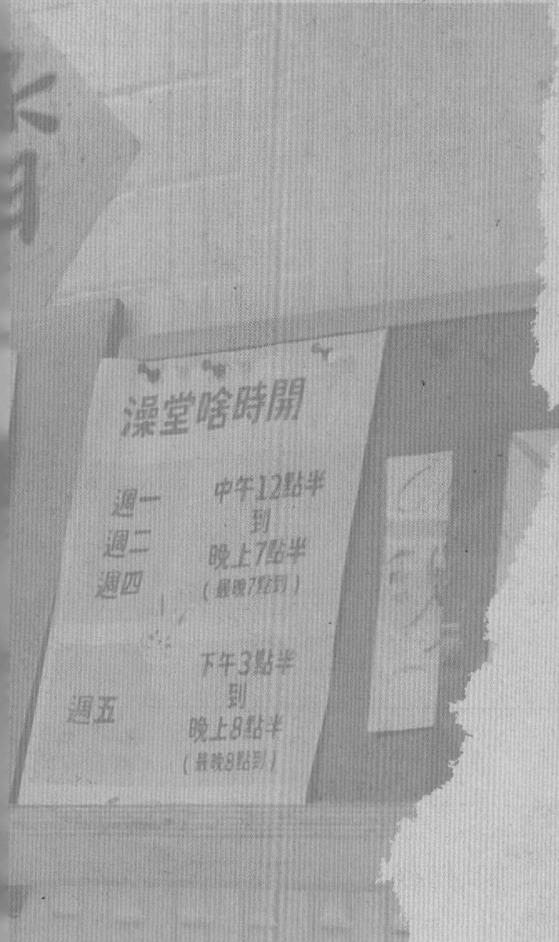

盥洗吹風間

女性與障礙者專用的淋浴間外有一個吹頭髮的區域，吹頭髮面對的拉簾是以紀實攝影輸出製作的，後面牆上並貼有以女性無家者意象拍攝的街拍作品。儘管只是吹乾頭髮、整理隨身物品，那所停留的20～30分鐘，也可以感受一點生活趣味與色彩。

物資機

櫃檯旁的獨立空間裝置兩台物資機，讓盥洗完的人可以自行拿取一組物資：碗裝泡麵、八寶粥與罐頭。一天發放約75～80份，需求量大，香香澡堂因而常有斷炊壓力，特地經營粉專招募物資，甚至張貼「人在做 店長在看」的警語，避免被偷拿。物資機其中20格是可上鎖的USB充電格，在外充電時轉個頭手機就不見，是無家者常有之痛。

Come in, Please!

用空間說請進！

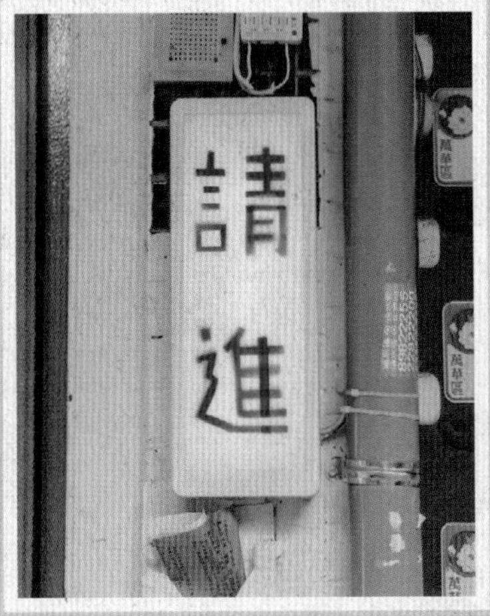

門外等候區

門廊右側貼著大大「請進」二字，左側有雜誌架與小花圃，偶爾擺出二手衣供人免費自取，都誘人停步；擺放的三四張板凳上隨時坐滿等候的人，大家根據預約時間前來，每20分鐘換人候位。目前每月洗澡人次約1200人，但同時只能消化四人，下班時段門口甚至出現排隊隊伍。

櫃檯前

櫃檯前是店內唯一比較大的公共空間，偶爾志工會在此擺桌工作、好順便聊天，這裡也還能再放一張候位板凳。櫃檯前的小層架裡放滿礦泉水、筷子、口罩、暖暖包、防蚊液，桌上偶會有便當或他人捐來的麵包，每個洗完澡的人可以拿一個。

POINT 003.
志工培訓邀請同潛共遊

音樂祭匯流，志工培訓則帶人深潛。「現時人生」系列活動還包含了六堂的種子培訓課程，從心理諮商、司法困境、藝術治療等不同面向切入討論無家者議題，並在課程後進入現場——參與街訪或成為澡堂的志工。江孟薰嘗試許多招募管道，並用大量時間培訓志工，「他們真的可以幫上忙，搬東西上物資、設計活動、攝影紀錄、經營社群，人格特質適合的志工甚至可以陪澡客聊天。」在社福界，無家者議題的志工經營是公認的深水區，不像照顧動物或兒童帶來療癒，無家處境養成的防衛讓志工很難不挫敗心累。「我都鼓勵志工自己帶著目的進來」，讓短暫伴行，也能爲志工自己的人生帶來些什麼。

POINT 004.
以音樂祭匯流異溫層

「初衷很簡單，只是想讓這群洗澡的人可以來參加我的活動。」江孟薰特地製作邀請卡，寫上澡客名字，沒來店裡的，就到街頭尋人親送。曾經是聽團仔的她知道音樂祭是很好的媒介平台，能將不同圈的人們匯聚起來。為了淡化無家者污名，在辦「現時人生音樂祭」時特意放淡倡議色彩，不特別推播議題，僅邀請表演者介紹場外佈置的一個與澡堂、無家者生活較有關的靜態展覽，鼓勵參與者自由去玩、去看。在那個表演現場，只有來聽音樂的人、認識芒草心或澡堂的人，以及澡客，自由穿梭交流，沒有人會去問誰是無家者。

（攝影／王靜媛）

（攝影／王靜媛）

POINT 001.
讓實境節目來到現場

公共電視實境綜藝節目〈阮三个〉提案來當一日店長的企劃後，江孟薰曾擔心現場失控，畢竟劇組人多而巷子狹小、來洗澡的人看到鏡頭會否害怕……種種考量，她運用學電影對拍攝的理解，跟節目單位詳細地事前協調，包括向主持人們介紹無家者、節目想做的食物澡客們實際上吃不吃等。好在以楊貴媚為首的四位藝人都接地氣，不但萬華鄰居們對貴媚姐感到親切，澡客看到明星也開心。更重要的是，節目播出後，社會討論度一時大增，讓澡堂收穫大量回饋與捐贈。

POINT 002.
鄰里共好相處之道

澡堂附近的鄰居與商家，與其以議題接觸，江孟薰相信不如直接用友善餐食促進商機，回饋地方。開店最初拜訪鄰居建立關係時，是由地方仕紳引介，一些店家便以捐餐表達支持，但在疫情期間，她眼看萬華店家普遍經營困難，就調整做法：向捐款人募款後，將錢交由店家製做愛心餐盒。如此既有意義又有營收，變成跨業結盟。這麼做還有一個好處——可以指定菜色。不但主菜要有肉，配菜也儘量選蒸蛋那類，顧及牙口不好的長者。而且，「我覺得好吃的我才會發」，江孟薰堅持，所謂愛心捐贈，可得是自己真心喜愛的。

issue → method

議題→做法的複合手法

作為澡客這個族群的社區據點，香香澡堂亦對外串聯，讓相互陪伴延續到澡堂外，以各種不同形式發生，使無家者逐漸為各方人們所認識。

在過程裡，發現自己的美麗

文字、圖片提供——沈岱樺

Combine editor and Yogi

去年參加瑜伽大師Hart Lazer的師資培訓，身為師中之師的Hart充滿智慧，在瑜伽練習與創傷療癒有著深刻的見解。經常在課堂中，用幽默風趣的方式提點學生。因有編輯工作的訓練，真心覺得Hart在培訓期間說了好多好多金句，便發揮了文字工作者的作用，記下好幾句咀嚼有味的文字。

「瑜伽老師最重要的工作，是讓學生發現自己的美麗。」當Hart跟大家分享教學經驗時，這句話深深地撼動了我。發現自己的美麗，這是多麼棒的一件事，讓學生找到與自己同在的機會，而非用外在體式做得多好來肯定自己，或做不到來否定自己。如同Hart也分享過，「好的手調整是老師觸碰到了學生的內在寂靜，有更多『我在這裡』的成分。」

透過瑜伽，建立了和風暴相處的能力，與情緒同在，不干預，不急回應。

有瑜伽相伴的日子，差不多五年了。疫情期間，婚姻狀況出現危機，人生處於低谷狀態。在許多不確定的迷途中，每天按時踏上瑜伽墊練習，幾乎是生活中最重要的定錨。瑜伽練習能把破碎的身心狀況，帶回呼吸上。深深地吸，長長地吐。透過瑜伽，建立了和風暴相處的能力，與情緒同在，不干預，不急回應，好深刻地允許自己能溫柔地陪伴自己。

因著這份深刻的練習，人到中年才學會如何安頓身心。隨後遇到國內疫情大爆發，哪裡也去不了，朋友提出邀請，詢問能否相約幾個朋友，一起練習基礎瑜伽，這是最初開始瑜伽教學的小種子。教學跟自我練習是很不一樣的，但共通點

都是需要自我練習，才有機會教學。每個人的身體狀況不同，所遇到的生命課題不一，情緒經常是藏在身體裡的，通常認為自己應該沒問題的練習者，在瑜伽練習上可能會遇到不舒服甚至是崩潰。面對這樣的情況，教學者要如何陪伴跟引導呢？

於是小種子開始發芽，逐漸踏上瑜伽師資培訓與工作坊的道路，教學對象則以朋友為主。同時，主業還是做著編輯企劃工作。

日常的工作，以企劃編輯為業。採訪是基本題，聆聽他人的時間故事，做為企劃的線索。因經常與眾人合作，而經手的企劃並非純個人作品，如何讓想法有呼吸，讓下一棒的設計或空間或創作者有發揮的想像，

理解自己爲什麼要練習，什麼時候適合練習，以及適合什麼樣的練習？

工作方向是能讓企劃呼吸，讓參與者一起呼吸，這是來自瑜伽的練習。

這是企劃工作所預留的隱形的線。經常在找各種線索，編織有趣的想法。工作方向是能讓企劃呼吸，讓參與者一起呼吸，這是來自瑜伽的練習。

有呼吸，才有共鳴。有伸展，才有空間。瑜伽和編輯企劃成為朋友後，送來了這份禮物。

記得去年春天，參與茶籽堂的採訪工作。受邀到台東拜訪劇場工作者陳塵，做為對談的引導者，聆聽陳塵與茶籽堂創辦人Wood的談話。兩位在這場對談裡，把心敞得好開，談起曾經受困的、掙脫的自己。外在看起來都很好，其實內心有一個洞，像極了一朵即將枯萎的花。而在療癒的過程裡，並不是要去解決什麼，而是跟著周圍融為一體。

如果沒有走過低谷的生命經驗，很難想像自己能坐在受訪者的面前，共感他們的經驗。是呼吸，彼此都覺得呼吸非常重要。低潮的時候，呼吸是什麼形狀？是什麼顏色？陪伴者不是持續添柴火，而是騰出空間讓還沒燒完的柴繼續燒完，讓情緒的路徑繼續走完。

瑜伽的智慧來自身跟心的連結。好比心裡有一匹野馬，如何讓野馬有寬闊的空間奔跑，釋放強大的能量。在冥想裡，練習讓空間擴大，漸漸地，當心思有天來到較狹隘的空間，也能自在。

就像是心湖。不舒服的事情並沒有消失，而是心湖變寬了，不舒服的情緒相對變小了。因為日常久坐而導致後腿緊繃，開始不再責備自己的身體與抱怨繁瑣的工作，轉而告訴自己，「真的坐得太久了，讓我們先起身好好地伸展。」這就是瑜伽練習的陪伴與支持。

後來，發現這也是生活的企劃提案。

一天之中，最喜歡清晨5點到6點，以及，太陽西落的黃昏5點至6點。光線微透，看得見室內物件，但又不是非常明亮，為屋內襯出安靜的氛圍，通常這個時刻會來到瑜伽墊上伸展、冥想。

清晨的時候，會先以溫和的體式幫睡了一晚、皺成一團的身子，舒展開來。暖身夠了，接著核心訓練，最後再用修復的體式收尾。下午的時候，就看當天的工作狀態，例如久坐寫稿，便起身做下犬式伸展後背肌群與腿後側，或運用瑜伽繩在臥抓大腳趾ABC體式中鍛鍊大腿後側、提高髖的柔軟度、鬆開後背等。

理解自己為什麼要練習，什麼時候適合練習，以及適合什麼樣的練習？過程裡，發現自己的美麗。讓身體像山，呼吸像風，心思如天空。

停一下，想一下

醒

Q——請給自己的生活「一個字」。

「醒」。星是黑暗中微小的光線，酉有昏醉之意。醒是從迷霧走向清醒的善解過程。酉是十二地支之一（時間），星是宇宙（空間），對於月射手來說，醒來肯定就有好玩的事發生。

Q——日常生活中最常陪伴的物件。

就口溫潤的杯子與注水流暢的茶器。無論日子過得如何，每天都會安排為自己泡茶的時間，即便只有二十分鐘，都很享受這個放空與自己喝茶的時光。最常陪伴自己的，還有瑜伽墊。

杯子&茶器

Q——一天開始、睜開眼時，第一個想法。

通常是回味夢。如果無夢，是「謝謝」。沒有特別的信仰，但心中會謝謝神，謝謝家人和朋友，謝謝天地與日子，謝謝自己。在床上伸伸懶腰，轉動手腕腳踝，再下床開啟新的一天。

謝謝

沈岱樺

瑜伽練習者、文字工作者。透過瑜伽，認出自己的身心地圖。藉由文字，傳遞受訪者願意分享的人生故事。經常在不同工作視角裡切換，有時順暢，有時卡住，此時此刻溫柔提醒著呼吸，感受當下、緩慢調息、等待陪伴。

保持彈性，讓自己活得更自由

文字、插畫——每日青菜

小時候曾看過一部卡通叫《哈洛德和紫色蠟筆》（*Harold and the Purple Crayon*），當小男孩哈洛德拿著畫筆從一片空白中畫出船來搭、路來走的畫面時，還是孩童的我被「世界可以由自己創造」的想法所深深撼動。自此之後，我便對無中生有的過程感到著迷，完成後的成就感也讓我非常快樂，而平面設計與畫漫畫，兩者都能給予這種感受。

其實細想下來，設計和畫漫畫並沒有太多不同之處，甚至有不少觀念大同小異。在當設計師的那幾

Combine Graphic Design and Cartoonist

同時做兩件事的好處，就是可以同時吸收兩倍的知識。

年，學到了很多配色的美感、空間的留白，以及如何將故事簡化在一個符號裡，讓人一看就知道想傳達什麼，而這些觀念對漫畫來說也是相當受用的。例如日本漫畫家鳥山明也待過設計領域，因此漫畫風格或具備精準的畫面調度能力，或帶有強烈的視覺張力，我認為這些都是設計與繪畫經歷互相影響而養成的獨特創作技巧。

不過，我也有視覺思維被平面設計影響、感到困惑的時候。某些繪圖技法需要花很多時間學習，例如畫面裡營造氣氛最重要的工具——光影，就是一門高深的學問。比起設計，繪畫有更多感性的部分需要處理，而我一直以來的風格卻相當「平面」，常常畫著畫著就失去自信。但轉念一想，也許發揮自己擅長的風格，就是最好的風格。

常常聽到有人說：「你的漫畫配色很有設計感。」大概是因為我會下意識地將整個畫面當作設計稿來看。對話框跟人物的比例要怎樣比較合適？整體配色要怎樣才能跳脫一般條漫給人的感覺？每個分鏡就像一張張縮小版的設計稿一樣，不停遠看、近看，反

覆觀察，最後組合成一個最平衡的畫面。

一直提醒自己，不需要煩惱自己的繪畫技法不夠純熟、畫風不夠主流，反而因為風格不同於傳統漫畫的樣貌，才得以發展出自己獨有的個性。也因為還有許多技巧需要學習，閒暇時觀看繪畫教學已經變成習慣，同時做兩件事的好處，就是可以同時吸收兩倍的知識。

有不少人好奇，為什麼會有女生喜歡看兩個男生談戀愛？早期，說自己喜歡看BL（Boy's Love）甚至是一個羞於讓人知道的愛好（現在似乎好些了）。小時候第一次接觸BL漫畫時，其實似懂非懂，也沒有覺得哪裡奇怪，只是單純覺得看兩位帥氣的角色談感情，對我來說是輕鬆又愉悅的。輕鬆之處在於故事裡沒有女性角色參與感情，自己不用代入任何自身經歷去感受，愉悅之處在於，誰不喜歡看好看的人在一起呢？

有鑑於此，便興起了想自己創造角色說故事的念頭。我隨手拿起筆、畫了幾張圖發到網路上，也沒有太多目的，就是希望分享我的快樂給有緣看到的人。而這個無心之舉非常幸運地被出

每個人都需要內建調節器，隨時去感受、關心自己的狀態。

版社編輯看到，並詢問出書意願，有了後來成為漫畫家的契機。

還記得前幾年專職做平面設計時，承接了不少書籍的排版工作，每天都在構思版面、分析文字裡的情報，最後再將所有資訊整合，視覺化到讓大眾易讀的程度。雖然是件有趣且富有挑戰的事，版面構成後也能得到非常多的成就感，但同一件事做得太久總會感到身心疲乏。

當設計師時，首要滿足的對象是客戶，而畫畫（非商業性的）則是完全性的服務自己。前者的熱情很容易在與客戶一來一往之間逐漸消弭殆盡，因而產生職業倦怠。不是不喜歡做設計了，只是想要做點別的事平衡，於是我拾起畫筆，一頭栽進另一

人生不長，不應該花太多時間
糾結自己應該成爲什麼樣子。

個完全由自己主導的世界裡，試圖找回一些掌控權。它就像帶有療癒性質的禪繞畫，總能幫助我清空思緒，好好享受單純的創作過程。

話雖如此，當畫畫也變成職業時，難免會再次碰到熱情被磨耗的低潮，這時就再換回設計的跑道，調整自己的心情和步調。現在的主力雖然是在漫畫上，但也不會因此把自己定義為專職漫畫家。我認為每個人都需要內建調節器，隨時去感受、關心自己的狀態，再喜歡的事都有可能做到平乏無味，為了延長熱情，需要暫時放下這件事，去做另一件也能令人開心的事。

人生不長，不應該花太多時間糾結自己應該成為什麼樣子。我喜歡保持彈性，不會單純定義自己是哪種職業，嘗試各種能表達創作慾的媒介，讓自己活得更自由。

停一下，想一下

靜

Q——請給自己的生活「一個字」。

「靜」。這幾年個人創作者如雨後春筍般出現，常看見有人因為觸及率或曝光度感到焦慮。我希望自己能專注在享受創作的過程，平靜以對，這是對自己的期許。

Q——日常生活中最常陪伴的物件。

iPad

「iPad」。有時候在工作桌前畫膩了，我就會抱著iPad坐到沙發上畫。或是在家沒靈感時也能帶去咖啡廳工作。除了可以隨時隨地畫畫，想紓壓看漫畫、影片時也很方便。

Q——一天結束、闔眼時，最後一個想法。

想故事

「想故事」。連載時很常劇情卡關，所以洗澡或睡覺時會一直想，這可能也是我每天都會做夢的原因。雖然這樣很累但也無法控制大腦，只好讓它自然運轉、直到睡著。

每日青菜

台中人，取名青菜只是因為很愛吃青菜。三分之二的漫畫家與三分之一的平面設計師。著有 BL 漫畫《Day Off》（留守番工作室出版），目前已售出日、韓、越、泰、德、法、葡、俄、英文等九語版權。

combine再一下

文字——陳韋聿・插畫——Susan Hung

KEYWORD 008. #自由的證明

逛街為什麼令人愉悅？其中一種解釋，是在眾多商品中自主選擇的過程，能夠創造一種「生活操之在我」的正向感受。人們期待在逛街的過程，看見自己所能擁有的無限選擇。而許多複合式店鋪的設計思維，正是為了滿足這種欲求。值得注意的是，晚近的心理學研究告訴我們：過多的選擇，其實也會讓人陷入「決策疲勞」——這樣說起來，擁有巨量的選擇，究竟是自由的明證，還是痛苦的根源呢？

KEYWORD 009. #Eatertainment

顯而易見，這個複合詞是由eat（吃）和entertainment（娛樂）所組成，有些人會翻譯成「食樂」，顧名思義就是有吃又有玩，快樂的不得了。「食樂」體現了複合策略的醍醐味。在這樣的店鋪裡，飲食不只是飲食，還得結合各種休閒活動或新奇體驗，比如射飛鏢、打電動、拳擊格鬥、開卡丁車、劇場表演……實在不禁想問，吃頓飯到底可以多忙？

KEYWORD 010. #人的連結

複合式店鋪究竟還可以複合什麼？諸多案例體現了某種共同趨勢，亦即在地方上創造一個能連結彼此的空間，為人群創造交流互動的機會。經濟學家Noreena Hertz將21世紀稱做「孤獨世紀」（The Lonely Century）。也是在這樣一個時代裡，「建立連結」竟成了一間複合式店鋪所能提供的核心價值。或許，我們真的能在新時代的複合裡，找回Hertz所說的傾聽、善意和體貼，從而修復這個充滿疏離感的世界。

KEYWORD 006. #懶世代

1998年，《遠見》雜誌將當時正在興起的複合式商店比喻為「懶人窩」，人們越是懶惰，這些能夠一次滿足消費需求的店鋪就越能夠賺錢。除了販賣「便利」，複合式商店同時改變了「逛」這個動作的意思。以前的人們只能「逛街」，因為店鋪確實都在街上。懶世代「逛」的則是數層樓的藥妝店、3C賣場、百貨公司，藉由一家商店滿足特定種類的購物欲求。按照詹宏志的看法，這類「選民商店」與其說是向人們賣東西，更像是在賣東西給已經被選定的一群人。而且，是一群越來越懶的人。

KEYWORD 007. #夢幻組合

健身房 X 連鎖超商，有沒有搞頭？不管顧客覺得是好是壞，這個主意總之頗有話題性。雖說超越常識的複合不一定能通過市場考驗，但它至少開啟了一種全新的生活想像——也許，走出健身房就能買顆茶葉蛋來吃，真會是一件挺不錯的事。事實上，人們期待看到各種出乎意料的異業合作，特別是一些知名品牌聯手創造的複合店，更會引來忠誠粉絲的熱烈追捧。假若可以選擇的話，什麼樣的跨界結盟，會是你心目中的夢幻組合呢？

跨團隊、跨領域、跨鄉鎮的複合式精神

文字——王巧惠．圖片提供——茶籽堂、牛犁社區交流協會、張台賜

「複合式」原本指向商業經營邏輯，為增加業績與活路的手法。在這個眾聲喧嘩的時代，團隊為了推動地方事務或在地方存續，展開諸多「跨」的行動，或藉跨領域行動探討核心議題，或跨單位合作為地方撐出發展的可能，或多角化經營空間，是以挪用這個概念，透過三位行動者的經驗交流，展現地方複合式的精神。

楊富民

花蓮豐田人，東華大學華文系畢業，現為社區工作者，任職於社團法人花蓮縣牛犁社區交流協會，專職社區營造與輔導、地方發展、青年培力及地方藝文工作。

張台賜

生長在冷泉／阿里史溪畔的蘇澳人，台大城鄉所畢業，以流域文化為命題展開行動，也以此完成論文。現為偶而會有限公司、美得冒泡 BEAUTIFOOL、蘇澳 KPI 共同創辦人。

趙文豪 × 楊富民 × 張台賜

趙文豪

本土品牌茶籽堂執行長，2016 年展開苦茶油復興之路，因契作苦茶籽與宜蘭大南澳區結緣，2018 年展開朝陽社區復興計畫，近年發展朝陽社區莊園，持續以品牌思維思考地方創生。

Q 請三位談談，地方工作中關於複合式運作的經驗。

趙文豪 當初會發起朝陽社區復興計畫，一方面是我們從品牌經營的角度觀察，對地方發展有不同的想法，一方面是南澳的農民都70幾歲了，我們也將面臨農業傳承議題。茶籽堂花了兩年時間學習，2018年成立駐點辦公室，開始投入社區品牌形象建立、空間規劃與改造等地方事務。

農業對茶籽堂而言是合理的發展，因為我們有原物料需求；地方創生看似和企業的本質有落差，卻讓茶籽堂學習到很多，影響後續公司政策，甚至後來談論的議題，都是關於城市與土地之間的橋樑意識。如果是以前，我們會選擇在台北工業區蓋榨油廠，有了地方創生的經驗，更理解農業要回到土地。茶籽堂從2020年開始打造朝陽社區莊園，希望帶起地方的發展，形成未來的大不同。

楊富民 牛犁協會以社區工作為主，面對的是整個豐田村的問題。要一個社區團體發展產業，本質上是困難的，比起商品獲利，我們更重視附加價值。從照顧社區長輩到開發符合長者所需機能的山海襪，幫助有需求的人，傳達商品背後的理念，是協會經營電商平台的重點。最近販售的獵刀是東部傳統工藝師的典型案例，他們有很好的技術，只是缺少設計思維。我們協助確立產品定位，打造露營用的小型獵刀，一個月進帳三、四萬元，就有可能改變他們的生活現狀。

2021年，我們和壽農社區發展協會、山東野表演坊、阿改玩生活組成「山下線」，合作推出商品、體驗、劇場等發展項目。這不僅是因

應國發會地方創生計畫形成的的新組織，集結四個社造起家的資深單位，橫跨兩個鄉鎮、七個村落，也為彼此確立更加積極且互信的合作關係。

張台陽　回到蘇澳有種無法說明的詩／濕性召喚，過去無論是景觀設計工作，或是研究所相關實作，我都不自覺地關心水環境議題，並連結到離山、溪、海都很近的童年經驗，間接有了回家的念頭。

2018年創立偶而會有限公司，成員共有城鄉所五位同儕和一位永續設計背景的設計師，其中洪榕希與高筱婷尤其協助我在蘇澳的開展。隔年認識關鍵夥伴鄭雅婕、林子翔，組成蘇澳KPI，陸續舉辦工作坊、展覽、劇場、文史導覽等活動。這是一個認識地方也認識自己的過程，有些參加者後來也開啟自己的行動，學校老師來互動後成為了教學方法，青少年與長者同在工作坊而理解世代差異。我們的TA不是既定的社群／社區，而是獨立的個體，旨在埋下種子，等某刻的蝴蝶效應。

集大成是2020年的「ao！蘇澳，如何說我愛你？」計畫，這個命名和蘇澳KPI一樣，都是在自我調侃，也想誠實面對自身的角色和地方的現實，從

團隊成員兼具返鄉、留鄉、二地居與階段性落腳等不同觀點，嘗試理解正因公共投資及民間資本介入而快速變動的老鎮，為何仍無法形成足夠讓人留下來的誘因？

我們透過與地方的各種可能性，嘗試回應這個如何愛地方的問題。蘇澳KPI目前各自單飛但沒有明確解散，更懂得愛了不見得留下，不愛了也不一定離開，形成某種緣分的動態關係，就像那年在冷泉公園試營運的快閃店，成為現在美得冒泡BEAUTIFOOL的起點。

Q 決定跨域發展時，通常會怎麼開始？

趙文豪 我覺得之所以會一直跨，一定是看見問題，我們想要改變。茶籽堂看見油品食安事件，決定尋找契作農場，又因農村高齡化問題，投入地方創生。

一開始我們完全不懂，就去日本看大地藝術祭、地方創生，去荷蘭看循環經濟農業，除了在社造界尋找專業資源，也請策略公司協助規劃社區願景。很多改變都是因緣際會，但是再怎麼厲害，跨到不同的領域，頂多只有八十分，所以和專業人士合作是很重要的。

楊富民 協會因應社區事務面向分六組：文化、高齡、產業、婦幼、環境、數位發展，也曾期待專業人士加入，後來發現他們無法負

荷協會業務，因為我們還有許多實務工作。例如文化組開發長輩的生死學課程，從喪禮細節到遺囑訂定，將文化研究轉譯為可應用的教案。地方工作需要不斷重新學習，所以後來我們傾向找合得來、肯學習的夥伴，大家一起成長。

張台賜　我很習慣組織不同專業背景的夥伴，比如說我起初沒想過要在蘇澳有事業體，只是想促進公共議題討論，而藝術是比較好的切入方式，於是請某某某的工具箱劇團團長劉銘傑協助設計創作類型的工作坊，並以冷泉文化製作環境劇場，吸引更多人認識蘇澳，進而討論議題。

也因為我不太有商業頭腦，所以請曾協助營運快閃店的張又婕擔任美得冒泡店長，由待過活動旅遊策劃、電商產業的范振傑，負責商業發展和營運。陳育貞老師、康旻杰老師與城鄉潮間帶的李慈穎則有多年宜蘭經驗，我也很仰賴他們的意見。確實遇到專業問題，還是要請教專業顧問，我很需要異質多元的討論機制。

楊富民　我們的夥伴幾乎都住在當地，工作議題同時也是生活上的問題。

山下線的核心目標是讓年輕人在這裡可以活得很自由，要完成這個目標有很多事要做，必修是社會福利型的服務工作，選修則回歸到自己是否感興趣。我們發現多數青年團隊的熱情大概維持三年，如果沒有轉型就可能會解散。所以讓夥伴保持熱情做想做的事，是協會的一大準則。

趙文豪　真的很多團隊是三年內掛掉的。我們２０１６年不是種了苦茶籽嗎？聽起來超棒，結果隔年一堆人離職。

回到土地很有意義，營業額成長幅度卻很小，苦茶籽播種到採收要五年，他們等不下去。當人很努力的時候，他們覺得路好漫長，若得到相應的回饋，就可以持續下去，但地方不是這樣，它是由千絲萬縷的因素組成的狀態。

張台賜　我有另一個觀點，蘇澳ＫＰＩ的經驗給了我這樣的體悟：解散不一定是壞事，並非一定要有持續性或成為事業，過程或許比結果還要重要。地方創生固然是一門顯學，但如果凡事只用商業模式的事業體看待，有些面向可能無法顧及。

Q　推動地方事務常有結合多個單位的機會，能否談談與在地或外部單位合作串聯的經驗？

趙文豪　只要你是在做一件有願景、有美好想像的事，每個人都會支持。

２０１８年我們在社區辦了一個工作坊，我只問大家一個問題：「如果你們哪天走了，會希望這個地方的什麼可以留下來？」居民希望環境不要被破壞，希望子孫可以回到自己的家園。我們以這兩點規劃出整個大南澳區的發展，他們都很開心，因為感受到我們對地方的真心，而且有著共通的願景。

企業也是一樣的概念，只是做法不同。記得第一次找星展銀行，談茶籽堂在朝陽社區的計畫，我對他們說：「你們每年出資支持很多地方，每年都要找不同的標的。你們有沒有試過在一個地方連續支持五年，或許才能看到真正的改變。」企業贊助不是理所當然，關鍵在於我們能否給出對方想要的東西，當他們看見朝陽社區這幾年的變化，就形成長期支持的機會。

楊富民　協會不太願意接受捐款，會希望企業是要找我們做事。我們擔任信義房屋在台灣東區的計畫輔導團，不同的單位也請我們提供地方工作相關的服務。對我們而言，這只需要不斷深化原本的專業領域，是最自在的狀態。

張台賜　前面說到我正經歷「從志業轉向事業」的過程，所以各種專業領域、地方既有社群／社區的合作關係，都是我的支持網絡。

尤其起初偶而會有限公司不是立案在蘇澳，所以我既是在地人，又是外來的類企業單位，身份很難釐清，比起茶籽堂和朝陽社區那樣明確的合作關係，我好像更需要先穩定自己，才有能力回饋地方，而美得冒泡的營運，是相對長遠打算的在地承諾。過程中蘇澳對我很寬容，鎮公所、各單位組織、親朋好友等都對我很好，所以我不敢說自己串聯了哪些單位，反而是在地網絡給予我諸多支持與幫助。

楊富民 在地網絡的串聯有機會改變當地的狀況，山下線的跨平台、跨鄉鎮、跨族群、跨文化、跨團隊，就是要結合彼此的力量。例如我們各自都有帶不同的長輩班，現在每兩個月就會辦一次高齡運動會，七個村的長輩聚在一起飆電動車；例如策劃餐桌劇場，把觀眾帶進地方；例如整合文化或旅遊資源，推出貼近地方的體驗遊程。藉由強化在地網絡，大規模拓展不同的工作，共同達成希望的成果。

Q 目前發展的項目有申請政府計畫嗎？如何看待公部門的資源和角色？

張台賜 美得冒泡有申請文化部青年村落文化行動計畫，和宜蘭縣政府的蘭陽老屋新生命2.0計畫。

偶而會有限公司如果觀察到合適的政府計畫，也會去投標。如去年執行「蘇澳好物」農業行銷案，藉機認識蘇澳的農業，一方面結識農友與原物料，一方面整合運用資源，將成果結合於美得冒泡營運項目。政府經費確實能為行動者提供開始的機會，但原則上不依賴政府資源，或許才是體現地方創生的結果？

楊富民 我會建議青年團隊把政府資源想成一種投資，不要認為每年都會有，而是設法藉由這筆經費讓自己穩定下來。政府計畫還是有等級之分，這個等級指的是計畫的難度，明星單位或許該在某些計畫被排除，有些大型計畫也可能不適合新創單位。

剛剛也提到協會對捐款的擔憂，可能會為了取得經費，失去自己的主體性。現在有很多競爭型的政府計畫，強調的是菁英階級如何回應地方的社會問題，近似社造早期的頭人政治。當地方工作階級化、菁英化，審查聚焦在計畫負責人或團隊資歷，難免忽略計畫的實質內容。我無意批評，對我來說這是一個現象。

張台賜　整體社會通常處於資源分配不均的狀態，公部門也可能因為怕出錯，所以容易將補助先分配給明星單位。如果想做的事需要且適合申請政府補助的話，大家還是可以爭取看看，以此做為一個起始的助力。

趙文豪　我們的角色比較特殊，畢竟茶籽堂是一個商業組織，對於申請政府計畫的態度會更小心。

2018年農村水保署邀我們申請農村示範計畫，協助朝陽社區的品牌建立，也重新規劃漁港、社區餐廳、小賣部等空間，需要50%自籌款、每年繳回5%獲利，最後我們只拿回四分之三的補助款，在核銷上也遇到狀況。後來茶籽堂參與地方事務，都盡量不申請政府計畫，而是成為社區背後的支持者。

打造漁港公園的時候，我們協助社區向農村水保署申請農村再生計畫，也贊助景觀設計等顧問資源。社區餐廳需要重建，但政府無法補助私人民宅，協會出資70%，另外30%我們幫忙找企業贊助。茶籽堂現在的策略就是造橋鋪路靠政府，我們擔任社區的顧問或是贊助資源。

楊富民　我們大概是50%標案、40%補助、10%產業收入，這幾年我也在思考，如何在社區工作中取得有價的回饋。山下線最近也和北一女合作，帶學生體驗地方生活。我們慢慢嘗試用不同的方式，達成預期的收入。

張台賜　政府資源挹注的選擇，理應關乎事業屬性、議題性、公共性與否等，比如說獨立書店的營運面臨大環境結構性問題，社區型關懷據點具公益性，這些單位有存在之必要，就需要政府資源好好支持。

其實我很抗拒地方創生剛提出時，很多人到鄉下開間咖啡館，就說這也是地方創生。因此必須解釋戲院裡之所以會有這麼一個地方，其實更深層的是我們想要藉由這個場域，重新梳理當代農村的社交關係如何運作與重建。

Q 為何都決定在地方經營一個空間？認為空間的任務是什麼？

楊富民 當初會整修大同戲院，主要是因爲社區裡的孩子越來越多，我們需要一個室內空間，陪伴孩子和照護者渡過0～6歲的階段，同時也發現返鄉及移居人口越來越多，卻往往很難融入在地。

我們把戲院變成一個複合式空間，希望它是有機的，可以容納不同的人在裡面辦不同的活動。邀請地方的甜點工作室進駐，小農在這裡辦記者會，有瑜伽課、有長輩的太極劍課程，週末有媽媽帶小孩來，孩子在遊戲室一起玩一起長大，媽媽在旁邊喝咖啡，移居者也有機會互相交流，變成社交與紓壓的場所。

趙文豪 確實空間在鄉野是很重要的匯集之地，一家咖啡店、一間辦公室、一個策展空間，都會增加交流的機會。

張台賜 我可以接受一般消費者認知美得冒泡是咖啡店，有時不需有太多自命不凡的資訊，但如果願意再了解深一點，就會發現它其實是個流域故事館的概念。

老屋前身是我嬸婆家，每次我帶走讀或導覽都會來這裡，嬸婆的家族照片是唯一能指認當時流域環境的證明。後來這裡成為我進行地方設計的載體，也是實踐思辨的場域，例如有款飲品懸浮著褐色物質，是在隱喻溪流變得很髒，透過產品做為思考環境議題的媒介。

趙文豪　茶籽堂門市當初設定為旅客進入南澳的橋樑，除了商品販售，也有餐飲和道具租借，希望旅人來喝杯咖啡，或騎單車到社區繞繞。開幕一週，廟裡解籤的師姐過來告訴我們，媽祖說要把店名改為「里海」，有田有土也有水，不要忘了包含這裡的每一個人。門市開始舉辦各種活動，有一人一菜的聚餐，有大南澳區青年的聚會，它不只是商業空間，有很多交流在裡面。

去年開始的浪速計畫是co-working space，未來希望外來團隊能夠更容易進駐南澳，成為外來人口來此發展時的交流之地。

我認為鄉野之間的空間是有任務的，因為你有一個空間，居民就多一個去處，他就會更認識你，更有「我們社區的茶籽堂」的意識，現在只要有親友回南澳，就會被帶來門市走走。

張台賜　我也發現左鄰右舍三不五時會聚在美得冒泡，嬸婆也會現身分享以前的故事，鄰居曾笑說這裡很像日照中心，有時好多老人家於此相聚聊天。這空間另一個目的或許是讓認識我的人安心，放心我在各種奔波之餘有個累積且落腳扎根的據點。

Q 認為跨服務、商品、空間的複合式運作，最核心的想法是什麼？是深耕地方的必備技能嗎？

楊富民　協會24個專職夥伴，包括我，有一半以上都是協會陪伴長大的孩子。1970年代豐田曾產玉、產無籽西瓜，年產值高達50億，整個村莊忽然變得非常有錢，開始染上黃賭毒等惡習。這些問題並未隨著產業沒落而消失，協會的成立是為了照顧這裡的孩子，然而課後陪伴不足以改變現況，孩子回家仍遭遇家暴、酗酒、毒癮等家庭問題。要讓孩子好好長

大，必須先改變家庭，要面對的是整個農村，甚至整個東部的狀態，這就是為什麼要有社區交流、為什麼要分組，社區工作很難不從多元跨域的角度去談。

趙文豪　我認為地方創生都是複合式的概念，但是不是需要刻意學習的技能，不是每個人都認為有必要。複雜的跨單位合作就需要專業能力，我們曾為了移除社區的四支電線桿，經過11個部會合作才完成，這也是一種複合式的運作，因為我們不是都市計畫專業的人，面對不同的範疇和複雜度，可能需要不同的學習。至於茶籽堂之所以在里海門市加入其他服務體驗，也有一部分是希望產品魅力與場域魅力加乘，提高在鄉野間存活下來的可能性。

張台賜　我是順其自然，並非一定要用複合式的方法，需回到當下面對的議題是什麼。如果我在處理的是某種環境倡議，為了讓大家更了解這個議題，即可有複合式的作為，可能是空間營運、展示、產品或劇場，以多元方式促進擴大參與。但也有人專注一生只做一件事，耕耘地方的深度就比任何人都還深。有時候那個起心動念，那個直覺，你先去做的那一件小事，才是最重要的。

楊富民　小農多半身兼三職，自己生產、自己加工、自己販售；但也有以慣行農法栽種兩百甲青割玉米，收入就足以開賓士的農夫。我覺得這是生活價值的選擇，而不是必備的技能。過去我們會說要去台北，但現在大家的價值取向明顯出現轉變，不再為了工作遷就，也在探索如何在都市以外的地方好好生活。

張台賜　總歸一句話，每一步都算數。不管你做了什麼事情，它有沒有效果，成功或失敗，都很難定義。因為你的目標一直在那邊，所以你的每一步自然都會算數。

002

ography

攝影

phot

廟會以外的熱鬧

小時候逢年過節，家裡不會去人擠人的地方「看熱鬧」，去日本留學、開始街拍後，我養成獨自去人潮多的觀光勝地和祭典的習慣，回台灣後也用同樣的方式到處走走看看。

林軒朗

1987 年生於台灣台北，畢業於 Visual Arts Osaka 專門學校寫真學科，現為自由攝影師，創作以街拍為主要手段。2016 年《台北再會》作品獲「日本清里寫真美術館 Young Portfolio Acquisitions」（YP16）永久收藏，2020 年舉辦《台北再會》個展。

其中最有趣的就是廟會，長長的遶境隊伍綿延在大街小巷，蜂炮鞭炮聲響、陣頭出巡、人群走動圍觀、機車流竄其中，期間隨時有事情在發生，這樣的混亂讓我著迷不已。其中最吸引我的，是廟會中心以外的人事物，像是休息中的工作人員、來看熱鬧的人、在地居民……等等，我會觀察他們在活動周圍和角落的各種神情樣態；有些人專注感受廟會的熱鬧，有些人在旁和朋友打鬧玩耍，也有單獨想著自己的事、眼神像是穿過廟會般的人。

「淡水大拜拜」是我第一個參加的廟會，當時是由從小生活在淡水的朋友帶路，每年農曆五月初五端午節晚上的「暗訪」和初六的「日巡」，各大宮廟的藝陣都會一起來參與遶境，民眾也非常多，是這個地區最盛大、傳承百年的宗教活動。

２０２３年是疫情過後首次去淡水大拜拜，參加了第二天的日巡遶境，戴口罩的人漸漸減少，開心、疲憊、煩躁、出神……，各種表情重新出現在照片裡，讓我終於有動力繼續到處「看熱鬧」。

衣服修改
拉鍊更換
營業時間
AM09:00-PM06:00
QUIKSILVER

森先生的山尖之海

台灣的高山上有海，那是雲和霧氣環繞成的海。許多擅拍高山的攝影師，總是追逐著山巔上的雲海，他們攀登高山、等待日出，企求最美的一刻。當光線照耀、折射著環繞山尖的雲海，山的層次、雲的波湧，是他們心中壯麗的詩篇。

台灣的山景之美，毋須贅言。然而能夠將這份壯闊印記在相紙之上，則要等到19世紀末期照相技術逐漸成熟之後。彼時，來自外國的探險家、人類學家、寫真師們，克服攻頂的困難，扛著沉重的玻璃版照相機，在對蕃族與未開化之地的理解慾望之中，也將不是每個人都到得了的遼遠之境、空靈之美，捕捉給平地的人們。

早期的影像檔案中有一張深富魅力的山景照片，拍攝於玉山山巔之上。在這台灣最高的群山之間，山脈以富有韻律的形樣一波接著一波，無限延伸。就像這張照片可見的一樣：掌鏡人似乎正站在一座主峰上，望向另一座主峰，山峰就此朝向前方彎曲綿延。影像中還匯聚了不同的焦點，前景的山石層脈，對比清晰、線條硬刻，黑白之間呈現了自然的鬼斧；遠景的山峰頂端，剛柔共濟、優雅輕盈，好似沒入雲霧之中。

圖像來源與授權單位 ● 國立臺灣歷史博物館

陳佳琦

藝評人及影像研究者。國立成功大學台灣文學所博士。研究興趣為攝影史、紀錄片、台灣文學與視覺文化。著有《臺灣攝影家——黃伯驥》（2017）、《許淵富》（2020）等書，發表過多篇攝影研究論述。

掩埋在人類學家底下的視覺美感

這張照片出自傳奇人類學家森丑之助（1877—1926）之手。森丑之助可說是與伊能嘉矩、鳥居龍藏齊名的博物學與人類學家，出身京都室町商家的他在18歲那年、1895年秋季滿懷熱情踏上台灣，深入高山探索台灣的原住民部落。他多次橫越艱困的高山、穿梭在日軍恐懼視為大敵的獵頭部落之間，被譽為「台灣蕃界第一人」，並以精心的紀錄和照片向後人展示早期台灣原住民已逐漸改變的生活面貌，無人能及。然而晚年卻於通行台日兩地的輪船上失去蹤影，留下謎樣的故事。

1906年，森丑之助拍下這張照片時，已經登頂玉山多次，他在1900年即登上玉山主峰，是極早的先驅。更特別的是，他的首次攀登還背負著重要的人類學標本，從西邊翻越過玉山、東下八通關。也許森丑之助不見得是第一個發現台灣山景之美的冒險家，但他卻很可能是第一個試圖跳脫人類學調查的視角、像個真正的攝影師捕捉美景那樣、捕捉台灣山巔的研究者。

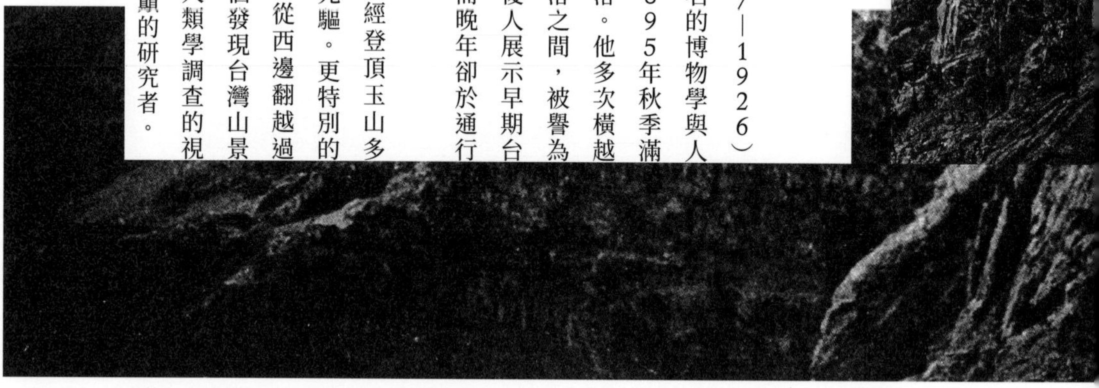

因為從這張照片的構圖裡，可以看見畫面中不僅具備天空、遠山、近山等上中下層次，還呈現猶如山水畫般的章法、帶有透視性的布局，以及虛實開合的景物鋪陳。光是這一點，森先生就與一般的人類學者很不同。一般人類學者所拍的照片，通常會專注在「物體本身的意義」上，不特別講究視覺的美感。科學調查的照片最常採取平視視角拍攝風景，很少像這張以稍微調整過的視角、與透視感的構圖處理風景，甚至，可能還在鏡頭前等待雲霧與光線的變化，經營如畫一般的意境。

這就是為什麼說，森丑之助像個真正的攝影師捕捉美景的意思了。

假如再考慮當時拍照者所用的5×7英吋乾版玻璃底片，不論背負相機或操作攝影，過程都很麻煩。相機位置的架設、景物的選取、時間與光線等因素，勢必經過許多考量，從確定取景、準備到開拍，至少也需要三十分鐘左右的時間。設若森先生在這些繁瑣程序之外，還企圖創造出一種美景構圖，某種程度而言，也意味著森先生不只是一位單純的人類學家或者「蕃通」而已。森先生想必是一位傑出的攝影家，只是這個身份掩埋於他更龐大且驚人的學術探險成就之下。

訊息背後的拍攝困難處

這張標題為〈傳說中鄒族祖先發祥地的玉山山巔〉的照片，後來收錄在他編著的《台灣蕃族圖譜》中，用來當作介紹鄒族部落的開場白。在圖解鄒族的段落裡，以這張照片為頁，接續著是部落中的家屋、會所、男女肖像、器物和生活習俗等圖像。編排順序而言，為一則人類學敘事，這張玉山山巔圖像的功用在於引路、告知，呈現族群神話的起源、生活的舞台，以及族人崇拜與祭祀之所。

森先生的山景為的是傳遞人類學的訊息。

所以森先生的山景之妙，或許連他自己也未必完全領略。倘若從另一位山岳攝影家——岡田紅陽（1895—1972）對台灣山景的觀察，或許能找到些許對照。岡田紅陽以拍攝富士山聞名，他曾在1938年時因應台中州國立公園協會的委託來台拍照，他以一個多月時間登上大屯、次高太魯閣、阿里山等三處國家公園拍攝山景，隔年照片被輯入《台灣國立公園寫真集》

一書而出版。岡田在台期間受邀演講「台灣山岳的觀賞方法與攝影」一題，演講中，岡田指出台灣的風景比起日本更錯綜複雜、更耐人尋味。

他是這樣說：「看台灣的地圖，會發現盡是一萬尺以上的山，但是這些高山在拍攝之後就變矮了，即使拍攝新高（玉山）、次高（雪山）等高山，也因其他山都很高，所以拍攝之後看起來都不高了。然而富士山實際上雖比新高山、次高山還低，但拍成相片後看起來比較高，那是因為富士山周邊沒有高山，但新高、次高周圍有很類似的山，因此拍起來都不高。」

他的觀察很有意思：從一個風景攝影師的角度來分析台灣的高山，彷彿破解了一道困惑。不知道你是否想過，台灣的高山美景圖像總是群山和雲海包圍，總是一片高低起伏稜線之延伸，總是富有遠山近山的層次變化，但卻很難像富士山那樣，呈現一個錐形完整、深具象徵的山之造型呢？

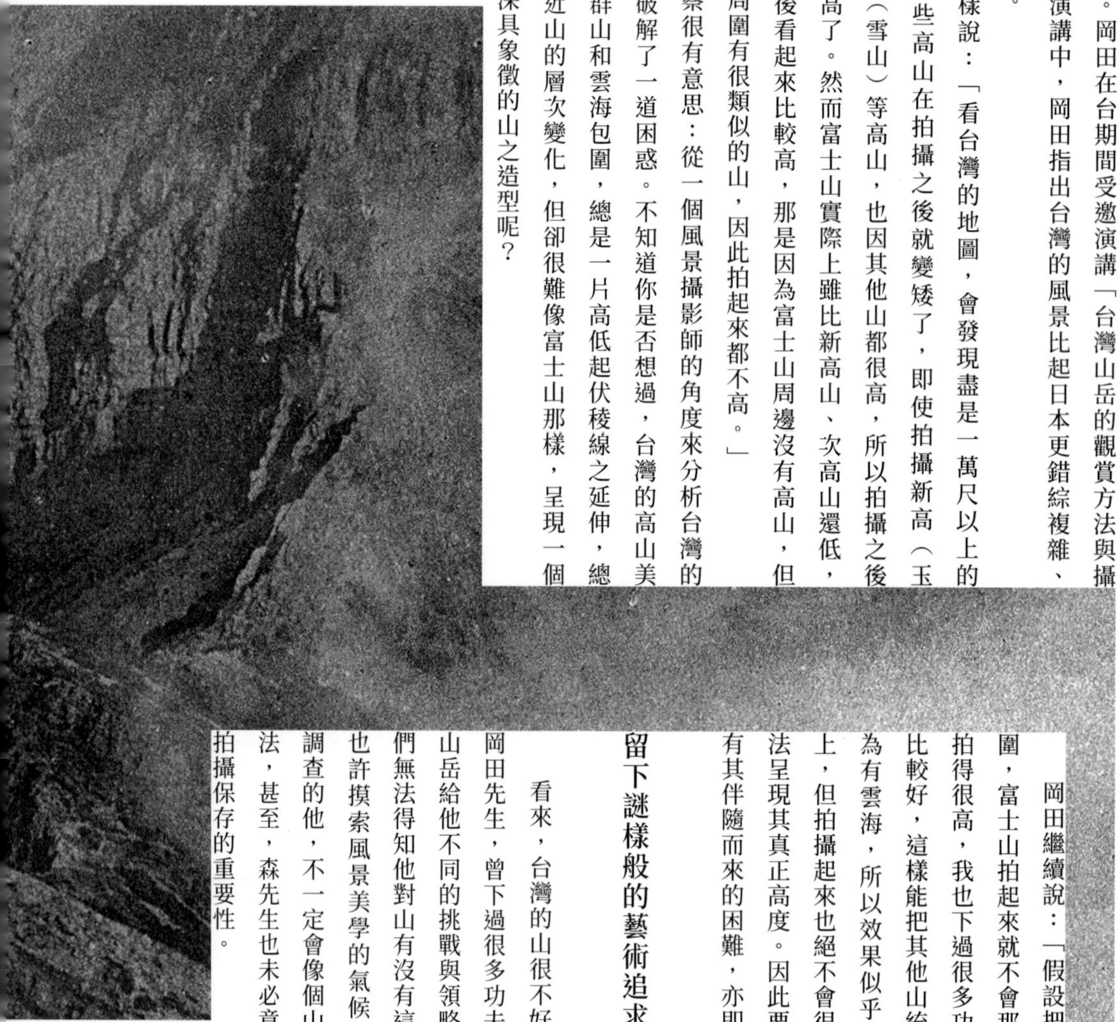

岡田繼續說：「假設把新高、次高搬到富士山周圍，富士山拍起來就不會那麼高了。因此，為了把山拍得很高，我也下過很多功夫。若把霧拍進來的話會比較好，這樣能把其他山統統消除。拍攝次高時，因為有雲海，所以效果似乎不錯。合歡山有一萬尺以上，但拍攝起來也絕不會很高，所以有時很吃虧，無法呈現其真正高度。因此要表現台灣山岳的高度，會有其伴隨而來的困難，亦即需要技術與機會。」

留下謎樣般的藝術追求

看來，台灣的山很不好拍，晚森先生18年出生的岡田先生，曾下過很多功夫思考如何拍山，然而台灣山岳給他不同的挑戰與領略。反觀前行者森先生，我們無法得知他對山有沒有這些領悟，在他身處的年代也許摸索風景美學的氣候仍未成形，專注於原住民調查的他，不一定會像個山岳攝影家那樣思考山的拍法，甚至，森先生也未必意識到台灣山景之美與自己拍攝保存的重要性。

１９０９年發表於《台灣日日新報》上的〈南中央山脈探險〉一文，森先生曾說：「新高山的近景攝影和附近寒帶林的大景觀攝影，能夠給平時看慣亞熱帶台灣風景的人士大開眼界，但是過去似乎沒有人拍過令人滿意的山岳照片。現在東京帝國大學理學部收藏的新高山近照，是我在明治三十三年四月與鳥居（龍藏）先生一起首登新高山時拍到的，照片顯示四月新高山仍有殘雪。」

僅是如此，這話顯露著森先生想拍到令人滿意的照片。對比他滿是精彩冒險的文字紀錄，森先生很少談論自己的攝影。上世紀１９９０年代，文史學界重新記起森先生的重要性時，拼湊起的傳奇與事蹟總圍繞在他具殘疾卻縱走台灣高山30年的毅力，他對原住民與台灣的友好與熱愛之情，他壯志未酬的十冊《台灣番族圖譜》（只出到兩冊），以及他謎一般的生命之逝。

然而關於森先生的攝影，我們日後只能從他留下的大量圖片去感覺。暫且擱置那些科學訊息，使人好奇的是，在森先生縱走30年的顛簸行腳間，在他一次次按下的快門之間，他是否存有對藝術和美的追求？從他的照片質感，以及他在圖文字上的細膩入微，或許只能透過這些言語去理解森先生的自我要求。

森丑之助拍下了令人滿意的玉山山巔，也許比誰都早。在龐大的人類學田野圖像之側，他始終引領著通往台灣高山的路、指出懾服世人的山景。

參考資料

●森丑之助原著，楊南郡譯註，《生蕃行腳——森丑之助的台灣探險》（台北：遠流，2000）。
●森丑之助，《台灣蕃族圖譜》（台北：南天，2014）。
●〈台灣山岳に対して　見方や撮影に就いて　岡田紅陽氏の演述〉，《台灣日日新報》（1938.6.9），第四版。

003

place

1 浪裡微～吐潮

2 大笨蛋生活法則

3 社宅現場

觀察 & 交往

微吐潮

開啓狀態未明的冒險：一座「溫室」的十年生成

文字——施佩吟．圖片提供——Jimmy Yang、Shibaura House、施佩吟

我和伊東勝先生（Masaru Ito）再次碰面，是2016年的12月底了。透過長居日本的德裔好友克里斯（Christian Dimmer）一封短信，為我們開啟近十年尚待定義的冒險旅程。

短短的引薦信，沒有具體的企劃書、明確的合作方案，一份出自內心的初衷，就是最清晰且寶貴的訊息。出於朋友來信，義不容辭的心情，我帶著他們一同拜訪社群共享基地。為了讓展覽與工作坊能並進舉辦，他也不間斷的來台灣考察，我只要時間允許，就幫忙約時間、約人、約地點，從中穿針引線介紹台北具有先驅社會實驗與創新的社區

”

C——伊東先生正計畫在台北舉辦另一場社區空間展覽。昨天我們討論希望不只是展覽，而是嘗試社區創新者的連結——將東京和台北的創新者聚集在一起，進行與展覽同時並進的工作坊。

對我們所有人來說，這將是一個很好的機會，可以以更系統化的方式重新激發東京—台北之間的雙向交流。

M——正如克里斯所提到的，我計畫在台灣舉辦一個與「人／空間／社區」相關的新展覽。這次，我將前往台北考察可以合作的空間和組織，希望我們能見面並交流想法。

浪裡

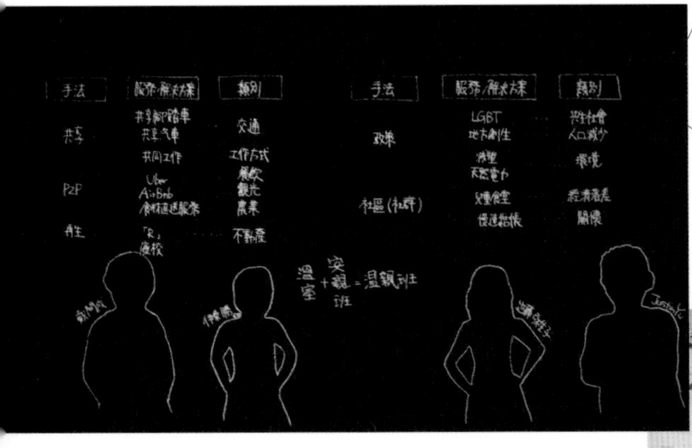

施佩吟

啟蒙於災後社區總體營造，畢業於台大建築與城鄉研究所，追求在地創新的行動者。專注在行動中發展可以與人們共同解決問題的未來之路。2020 年起，持續往返離島和本島，嘗試發展另一種地域實踐方式。

空間。縱使眼前已有許多傑出的社群在各自議題上努力，我深知在已知與未知之間，許多關係狀態未明、工作定義上的不明，都是突破侷限與發展可能性的出口。

心底一股極欲探索更多都市新可能、新解方的動力，在此過程中油然而生。

看見地方社群真實性，非正式讓想像得以清晰

這些非正式帶看的中介過程，彼此擁有的頭銜不是最重要的，關鍵是人們在真實社會用身體經驗，去嘗試創造的地方改變及背後的動機與意念。人與人的照面、實作經驗的交換，以及走進所經營的空間或地方環境產生的直觀感受，創造了以身體感、語境為基礎的新交流領域。

社群各自在當地所面臨的真實性獲得理解，另方面也觸發台日兩地的對話

產生有意義的連結。除了重新框架出更宏觀的社會問題、國家困境等課題，透過經驗或方法分享、逐漸搭起技術協作、社會網絡、知識生產的夥伴關係，這個過程就是將非正式性搭接更大的創新社會想像，讓輪廓逐漸清晰，讓彼此及社群逐次被放置在適得其所的位置，卻能發揮更大的價值效益。當時CIT (Center for Innovation Taipei) 台北創新基地甫開幕，伊東勝前往交流時與創辦人Justin相談甚歡，更進一步邀請Justin前往芝浦家（SHIBAURA HOUSE）與日本當地的夥伴、社群進行分享交流。奠定了後來「溫室」於Alife FL開設的遠因。

社區交往，找到冒險旅程的新夥伴

其實早在2013年，伊東勝就曾首度於台北展出「東京社區空間」(Tokyo Community Space)。當時他眼見311東北大地震後，不同的當代議題接踵而來。許多原本在都市工作的年輕人，不再相信以國家政府、大企業為主導的社會經濟發展模式，選擇離開都市在地方生活，尋求一條不再相同的路徑。對伊東勝來說，社區空間可以是當代城市問題的解答之一；SHIBAURA HOUSE在他接班後，在原址重蓋一棟全新的辦公大樓，期盼創造一間能兼容「家、公園、社區」的地區交流中心。

2016年底歷經半年多密集的台日往返，2017年我擔任他的在地協作者，共同策劃了「An Eye for Community社區交往」的展覽活動。在「Sake Days日式清酒每天」的現場，我問他：「你不是媒體廣告業出身的嗎？現在改行做策展嗎？」伊東先生回應：「我們需要用新的思維去重新定義『廣告』。」周圍的人們逐漸聚集，我也是在這場活動中認識了一開始想蹭便宜酒水而來的李政道，幾天下來，他興奮地

說彷彿遇見同好，逐漸釐清自己想擺脫總是用廣告幫客戶做形象、做行銷的末端性，他期許自己可以從源頭開始改變。

彼此連結之後，未來的風景將不再相同

時隔十年，2023年12月，伊東勝來台開設台日社群文化共創空間「溫室」，地點就位於Alife FL 台北士林。因為相信透過社群文化的雙向交流與學習，將能共創不再相同的未來，為了趨近「在彼此連結之後會看到什麼？」的可能答案，這一段路他走了十年。

「溫室」規劃的第一檔展覽「日本的家庭作業」，一系列連續五週的「編集会議」場次不預設結論，仰賴著參與者擔任內容生產的成員、夥伴，以一種持續編輯的開放態度迎接未知性的發生。

日常中充滿了定義不明的社會交流活動，身處其中的人們彷彿浸泡在狀態未明的冒險之中。這座沒有花的「溫室」，並非典型的文化中心或展覽空間，可以看作是一間生產台日交流文化的社群空間。這一條未知的道路極為慢熟，因為確信「在彼此連結之後看到的未來風景將不再相同」，以有機彈性卻互信的方式持續滾動，讓花朵遍及每個人的心中，集結更多夥伴迎接下一個十年。

大笨蛋

Vol. 12

長濱有間萬事屋

文字、攝影——高耀威

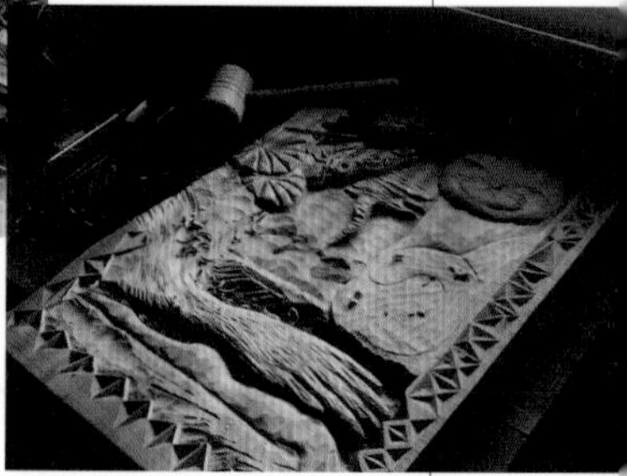

曾遇過「活得很漂亮」的人，心生嚮往，泲彣跟阿賢說，「我們來試試看，過沒有謀生方法的生活吧！」

疫情期間，花蓮吉拉米代部落協力造屋的任務結束，來自全台的志工群散去，有些人沒有回到本來生活的地方，選擇繼續留在東部。那陣子我陸續接觸到來長濱尋覓生活空間的年輕人，阿賢與泲彣是其中之一。他們從太魯閣到靜浦，一邊車泊或露營，後來遇到連日大雨無法繼續外宿，才直奔長濱山上朋友家裡打算投宿。

當時朋友租的房子也在淹水，正站在水深及腳踝的地方準備晚餐，阿賢與泲彣未經告知而來，朋友見到他們的第一句話是「你們來啦～」，明明自己適逢水患，卻用一大桌好菜接待。最後阿賢與泲彣也加入分租，幾個人同棲生

Fool, dumb, and that's OK.

活，直到一個陰錯陽差的傳達誤解，房東以為他們要搬走了，逕自租給別人。下個房客在屋前搭帳篷，住了一個月等他們搬走，即便還未找到下個落腳處，只能家當款款塞車上，準備離開長濱那天，汫彣提議去海邊撿漂流木，無意間得到一間房子的聯絡方式，電話溝通後竟然成交了。那是一間海邊簡陋小平房，移居他鄉的屋主在拆除重建前，無暇處理只能任其閒置，「反正你也是放著，就租給我們吧！」本來無意出租的屋主，最後接受汫彣單刀直入的提議。

不謀生的生活，得有不浪費的決心

第一年，以修代租無須付房租。到處撿拾堪用物件來整修房子，馬桶蓋是路邊撿來的、竹子是海邊搬回來的，有時也會去採集野菜來吃。熱水器不太容易撿到，跑去歇業的煤氣行試探機會，正好後代因長輩離世回來清整空間，直接送給他們一台。阿賢學過水電領有證照，幫忙他們修理加壓馬達作為回饋，之後又去幫忙整理幾次，再換得老闆說：「那邊有需要的，你們都可以拿走！」搬回家的殘舊木櫃，是老老闆用來放黑膠的，後來改經營煤氣行變成零件櫃，現在則成為阿賢與汫彣家的雜物書櫃。

在長濱的不浪費生活繼續延展，學會做酵素後，已經好久不用買洗潔精。

（攝影／Over）

高耀威

在長濱經營書店「書粥」、淺居空間「長所」及「麵包宿」，並成立一人出版社「書粥工作室」，獨立發行第一本書《疫情釀的酒》。曾在台南組織「正興幫」，創辦街刊《正興聞》。個人著作有《不正常人生超展開》。正在持續探究另一種活下去的方法。

熱水器壞掉還沒找到修理方法，索性天天去安通泡野溪溫泉，夏天就洗冷水。阿賢不在時，洊彣出門就搭便車，上部落大學木雕課的實木作品厚重，一樣抱著去搭便車。他們不在家的時候，房子會租給別人，這種空間分享的觀念，應該才是民宿這個詞的本意吧。

一年過後，有了房租的壓力，生存的門檻提高。那時剛好看到鄰近山上的果農徵求「驅猴人」，阿賢應徵上之後，幾乎得住在山上，跟著猴子的作息趕猴，薪水不低，但工作不算輕鬆。農作物災損若超過農家設定標準，會領不到工資。

因應農家要求每天寫工作日誌，他乾脆成立一個粉絲頁——「獼猴騎士牛」，名稱出自《世語》，是職位升遷很慢的意思。那陣子長濱許多朋友都像追劇一樣看阿賢寫的驅猴散文：「猴子每天最活躍的時間就是清晨，每天都必須比猴子早起，太陽還沒出來就必須開始巡山，如果睡太晚就準備迎接滿地的落果和挫敗感」、「大部份時間果園只有你自己一個人，可能會長時間沒說半句話，晚上不戴頭燈伸手不見五指旁邊樹叢像是電影厄夜叢林，而且晚上會有各種有趣的聲音在周遭，所以如果膽子比較小的人，不擅長跟自己相處的人，那可能也不太適合這裡。」驅猴工作維持59天，累積59篇日誌、39個讚、57位追蹤者，還有無數咀嚼不完的滋味帶下山反芻。

萬事屋成立，不要只是為了賺錢

下山後，他們在山腰的咖啡館與朋友閒聊，熱愛幫人想東想西的咖啡館主人秀蘭（是此專欄第一號大笨蛋）建議阿賢去做水電。這我也很認同，水電師傅在長濱因需求大、人才稀，收入與地位都高。曾擔任電工四年的阿賢很適合，但在報考台電沒錄取後，已決心跳出體制生活，不想再重回本行，「我不要做水電啦！我要做萬事屋！」那天也在場的食堂老闆，隔天立刻找上他們詢問「那你會修門鎖嗎？」，萬事屋便順勢開張了！

洊彣說，「阿賢回家就把門鎖給拆了（用來練習）」，再加上Youtube的教學影片，順利完成第一個case。鄉親們口耳相傳後，各種形色工作隨之而來，

Fool, dumb, and that's OK.

如餵貓、餵雞、遛狗、顧家，為長濱的流動人口填補了家的空窗期。阿賢受到泲彣及活得很漂亮的朋友影響，認為工作不要只是為了賺錢，所以萬事屋有三種交易選擇，換所需物品、雇主隨喜、或由阿賢報價。

他曾幫一個大哥鑽洞鎖東西，這種事沒有電鑽又沒有經驗的人還真的無法自己處理，一般水電工又不願意接這種小case。完成鑽洞任務後，採用以工易物的模式，得到絲瓜一條、意麵十包，還有安通溫泉券。「所需物品」不見得每次都有立即的需求，曾幫忙清理庭院落葉，換得一綑電線，後來海葵颱風吹走家裡電線桿，就正好派上用場。最近的委託工作是同時有三間房子的電力系統施作，偶爾與朋友一起去幫忙鋪草皮，也在租來的田地耕種一年一收的稻米。將來收成的米，除了自己吃，還打算拿來交換生活所需的物資。

謀生的釋義是「找工作維持生活」，其相反詞是「尋死」，換言之，不工作就得死啊！靠！這樣的世界，也太煩了吧！難怪阿賢當初會被《不去會死》這本書吸引，萌生想要騎腳踏車環遊世界的念頭（後來因疫情改成在台灣騎，因而去了吉拉米代）。反正既然會死，也不想為了工作而活，總有活下去的方法。

萬事屋是阿賢與泲彣的不謀生生活練習，也在無意間賦予工作新的意義。例如：接受委託接送來台演出的樂團，後來還把樂團的人帶回家玩，跳脫「司機」定義；半夜協助撿拾路殺的食蟹獴屍體，提供給生態研究人員，創造「Uber Eat」無法納入系統的工作；之前我委託阿賢裝設RO逆滲透的設備，

他又花點巧思添加漂流木在結構裡，讓本來呆板的「水電工作」有了美感。

不以時間算計收入，也不以金錢作為唯一酬勞，通俗的工作價值觀看似被顛覆，但其實是被導正。我們以為的大笨蛋，只是將迂迴複雜的事簡化，讓混濁不清的社會變得單純。每個人所認為的世界都是不同的，大笨蛋的世界裡，常常能找到一個共通的邏輯——就是用最笨的方法，提醒世人不要像個笨蛋。

Social Housing Public Art

吹拂安康日與夜，興隆小客廳結業再相逢

文字、圖片提供——明日製作所

自2011年通過《住宅法》明訂興辦只租不賣的「社會住宅」作為住宅政策一環，搭配《文化藝術獎助及促進條例》公有建築物及重大公共工程設置公共藝術經費不得少於工程造價百分之一的規定，政策、資源齊備之下，公共藝術自此在嶄新的實驗場域——社宅中茂密發生有機可能。

以台北市來看，定位「HOME to ALL」為其核心理念，除了設置永久性藝術作品，亦須辦理一定比例的「藝術社會工程」，執行團隊、創作者、居民的多邊關係便在此情境下交疊展開互動。

興隆社宅前身為安康平宅①，乃市府第一處以「社區」為單位規劃的社宅並分三期改建，預計2027年全面完工。AEFHI基地由明日製作所策劃公共藝術計畫「我們在文山相遇」，更提早於2022年進場開啟「興隆小客廳」，藉此串連藝術進駐、社會設計、民眾參與等前期醞釀。

興隆路四段緩坡旁側工程隆隆，安康平宅如今僅剩42巷中繼宅和105巷、107巷兩排建物，地景緩緩巨變居民陸續搬出，鄰里重組碰撞都市再生，此時此刻藝術如何進入社區？階段成果展「移動的自由」②試圖回應這個命題，開幕座談邀請到台灣大學城鄉所康旻杰副教授擔任主持人，三組團隊包括明日製作所總監洪宜玲、風景映畫創作社兩位導演廖憶玲與朱柏穎、攝影藝術家陳伯義共同對談，敘說曾觸摸到的安康風景與循此捏捻出的創作線索。

當你凝視地方，地方也凝視著你

康旻杰—安康平宅的獨特脈絡，不能拒絕任何人令它必須包容，因此發展出在生活上的複雜、親密及互相照顧。在轉向社宅的過程，有的弱勢戶符合條件入住新宅，但也有安康戶負擔不起租金而被迫離開社區。這些現實處境、有／沒有選擇、難以移動等嚴肅課題，是我們用不同態度面對社宅或進行公共藝術討論前的重要前提。

洪宜玲—實際認識社區很重要，這是一個很長期的計畫，五年間分四個階段推進。第一階段「敲開相遇之門」，2022年一開始先做田野訪談、巷弄微旅行，觀察了解環境條件；第二階段「觸發交往與參與」，興隆小客廳1.0由明日夥伴直接投入經營游牧性工作站進駐（2022．10～2023．12），一週開放三天。在發動藝術進駐的同時，也擴散長出30多位居民的人際網絡，從分享烤餅乾破冰，舉辦各種活動，小客廳開門歡迎光臨，人們來聊天玩耍、用wifi甚至沙發上睡著，儼然變成像真正客廳一樣的自然存在，3歲幼童到82歲長輩都是常客。

期間亦經歷執行落差或對住戶遭遇感到無能為力，但滾動調整計畫、持續更多對話後，卻發現在地居民平凡真實、充滿生命韌性的一面或發亮時刻，社區網絡連結緊密，而社群文化多元具包容力。所以，以居民為師陪伴同行，掌握能做的事，也完成了自我療癒。小客廳雖暫時熄燈，待社宅落成將升級2.0再開張，銜接第三階段「創造相遇的場域」，終邁向第四階段「建構新的共居網絡」。

▲位於安康平宅內的《興隆小客廳》。

▲《移動的自由》展出作品。攝影藝術家陳伯義作品《百福臻》鳳玲與兒子。

▼《移動的自由》之明日製作所展區《在小客廳遇見你》。

作品不只美學，反思公共性／社會性

聽眾—我是木柵人，也是前社工。這裡已經改變很多很多，覺得透過展覽來呈現安康是很棒的嘗試。不過也想請教，如果有些取材對居民而言或許是傷疤的事情，轉譯創作時有何考量？怎麼讓作品跟現實更有連結和意義？

康旻杰—這是一個很重要的提醒。就作品論，住宅是私密的私領域，社宅則是一種公共資源，公共性可以說是一把雙面刃，隱私揭露仍須把守倫理。綜觀來說，如何安放個體／家庭生命經驗並結合公共參與再造社區？加上過往居民習慣機構式的福利輸送、外界對社區的標籤化成見，興隆公共藝術處理的是一個特殊而艱難的議題，相互學習、看見彼此以達社會共融會很花時間。

朱柏穎—長期製作紀錄片，隱私權是永遠的課題。但藝術是中性的，也不能只在安全範圍裡做。深受廢墟裡私領域的模糊性吸引，創作者探索的界線都不一樣，最重要的是坦白意圖，建立跟被拍攝者（物）的關係，接收到對方傳遞的重要訊息且發出提問。

廖憶玲—小時候家境不好，尤其關注貧窮議題。當時踏入七天後就要清空的A、E基地，猶如大型考古遺址現場，開啟一道道門後的超現實震撼了我。被遺留的物件反映出人的狀態或不想曝光的祕密，空間對我們呢喃無法視而不見，必須把自己狀態清空去承接大量資訊。人的生命往往被很大的結構力量影響使之變糟，想要用不同視角來看待世界，不去挑戰人性，也不壓抑異質的美麗，讓每一個努力生長的靈魂能被理解和平等對待。

疫情後復拍，有一些比較親近的受訪對象，知道彼此在幹嘛就不會是消費獵奇。從安康取材，特別希望回到空間在真實中穿梭《廢墟的獨白》，展間不過度設計好營造生活氣息，以啟動觀眾的身體感或內心對話。影像如同鏡子，其實也反射自己跟世界的連繫，從中翻轉何謂貧窮／美的社會潛意識。

混居大不易，織就一張接住你我的社區互助網

康旻杰—平宅不會再有，未來要過渡到社宅但過得去嗎？安康有其難以跨越的社經階梯，且身體心理、生活習慣都面臨改變。像搬去興隆一期的安康戶，在調適上便產生摩擦。

洪宜玲—社宅有40%弱勢保障比例，然而住進去後還能被看見嗎？公共藝術所能發揮的功能確實鋪陳著社宅最後一哩路。

陳伯義—大家住在這裡，街區、人味有其獨特性，高樓大廈裡什麼都均質化了。以前拍紅毛港、眷村等大型遷村，刻意不想碰人的事情，後來還是會被找上，沒被接住的人掉落出去將導致創傷，這次趁人還在的時候開始記錄。

《百福臻》五幀肖像照是第一階段，搬離後拍生活、物品痕跡為第二階段，第三階段拍房屋騰空後剩下的原始住宅格局。此一創作計畫，希望提供檔案化空間資料給日後規劃者參考設計，即留住安康平宅的歷史價值。一個城市不只有中產階級的文本，見證時代走過的軌跡，不同社群的居住樣貌絕對重要。

座談後，創作者既已到齊，便順道空間導覽大放送。小客廳變身展場，廖大哥的電動輪椅、來旺的水盆、鳳玲姐的手模、翔仔的外套、狼狗的宮廟帽、倪倪的資源回收單據、黎奶奶的手作毛衣、幸子姐的療癒蔬菜等等物件，款款傾訴生動故事。

跨過天井來到鄰戶，幾乎原封未動的住所被打開，月曆停留在廖奶奶離開的2021年，一個手寫電話號碼就著檯燈發光，昔人已輕輕走過歲月。而戶外穿過泡茶桌，孩子毫不怕生地加入且自信介紹作品。不只是展覽，居民和安康相貼匯流，那把人生動盪起伏打磨的生命力，毫不客氣逸散出屬於安康的味道，不過度緬懷，相伴是現在。

註：

① 安康平宅為1969–1979年間台北市興建五處平價住宅（福德／已拆除、福民、安康、大同之家、延吉）之一，提供低收入戶申請入住。安康曾有1024戶為台北市最大低收入戶聚落，被喻為台北最後的貧民窟。

② 「移動的自由」（展期2024.3.8–4.21）於三個平宅單元展出三組新作：明日製作所的《在小客廳遇見你》、風景映畫創作社的《廢墟的獨白》及陳伯義的《百福臻》。

▲《移動的自由》創作者對談，由左至右為攝影藝術家陳伯義、風景映畫創作社導演朱柏穎與廖憶玲。

▲《移動的自由》之風景映畫創作社展區《廢墟的獨白》展示手寫說明與原屋主物件。

004

物件&遇見

Meet

Vol.

②

馬拉松水杯

（插畫／奇亞子）

黃書緯

都市社會學者。喜歡喝酒，時常跑步，覺得閱讀推理小說的樂趣多於學術論文。會幫家裡電器取名字，三不五時跟他們說話，因此這裡寫的都是我跟他們之間的互動。當然，還會多那麼一步，談談互動背後的社會設計。

大概是12年前開始跑步的，那時的起心動念不過是想在小孩睡醒前塞進一個運動的可能，沒想到就這樣跑出興趣，跑成規律。日子久了，也會想要挑戰一下馬拉松，看看42公里後的風景會是如何。每年的11月到３月是台灣的馬拉松賽季，跑者在路跑中欣賞風景（喔，可能還有美食補給），本是美事一樁。尷尬的是，形象健康的馬拉松卻有著惱人的環保議題。好比說，當地方賽事提供澎湃美食作為跑者補給時，也得一併處理事後垃圾清運的問題；又好像，當賽事遇到秋冬落雨的時候，跑者沿路丟棄的便利雨衣也是主辦單位必須面對的意外事件。美國紐約衛生部曾在一場四萬多人參加的馬拉松過後，收集到 114.29 公噸垃圾、6.34 公噸紙張以及 2.98 公噸金屬、玻璃和塑膠。而在眾多垃圾之中，「水杯」是最為棘手又關鍵的物件。

早在２０１８年，綠色和平就調查發現，２０１７年全台共舉辦７８４場路跑，使用超過４００萬個一次性水杯。我自己跑馬拉松的經驗也是如此。一進水站，志工忙著招呼跑者「要補水喔~前面有運動飲料~」，只見跑者喘著大氣，拿起水杯邊走邊灌，隨手抓了香蕉、餅乾墊肚子，然後開始起跑，想順手把水杯扔進垃圾桶，扔不進也來不及回頭撿。於是賽道上大量的水杯垃圾每每成為賽後新聞的檢討對象，為此，全球各地的馬拉松都曾針對水杯提出各式各樣的再設計方案。

比較常見的，是採用100％無塑膠淋膜紙杯，利用其生物可分解與全紙可循環回收再利用的特性，在馬拉松賽事結束後把所有杯子回收運回紙廠，再次成為造紙的原料。少數的賽事，是提供重量輕的矽膠杯，讓跑者繫在腰包或拿在手上，進入補水站後馬上補完水直接繼續跑。有點特別的，是倫敦馬拉松在２０１９年４月嘗試的，在水站放著由海藻與其他植物成分製成的小膠囊，這個由跳石實驗室（Skipping Rocks Lab）所推出的創新塑膠水瓶替代品，裡頭裝著運動飲料，賽時可讓跑者一口吞下，賽後可自然分解。更進一步的，是像湘南國際馬拉松在２０２２年底所試圖建立的循環系統，全面取消使

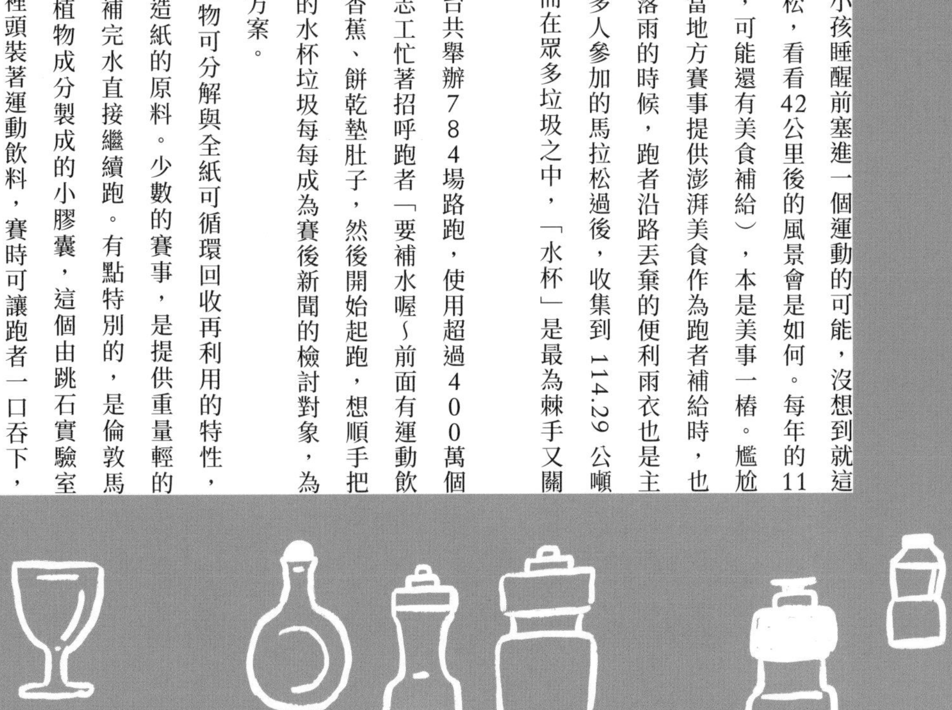

用紙杯，改成以貼身小水壺搭配自助加水站的方式，讓跑者在跑步時將水壺收在腰包後方，口渴時隨手抽出就能解渴。

然而，這些為了回應社會質疑所費盡心思更換的「新水杯」，卻屢屢引起跑者反彈，抱怨賽事體驗不好。那麼，為什麼對跑者來說，水杯的體驗會這麼重要呢？

這是因為跑步關乎「節奏」（rhythm）啊！不知道你有沒有這樣的經驗？剛開始跑步時，不確定步伐要邁多開？手臂要如何擺動？甚至呼吸的吐納都亂了套，一身狼狽。但隨著身體逐漸找到節奏，大腦中內啡肽（endorphin）的釋放增加，你開始能感受到放鬆的狀態，進而心情愉悅。而對參加馬拉松比賽的跑者來說，他們需要的是在這基礎之上更進一步地練習「節奏跑」（tempo run），以較高強度及穩定步速，維持長時間及距離的訓練，好提升身體回收乳酸的效率，這樣才能在進行同樣強度的運動下持續維持更久，或是在同樣的時間內能以更高的強度來運動。

那麼，且讓我們把每個在馬拉松賽道上的跑者看作是都市社會學者Henri Lefebvre所說的「節奏的綜合體」（multitude of rhythms），在一吸一吐、邁步前進的瞬間揉雜了器官運作的生物節奏、心理狀態的精神節奏、日常／例外的社會節奏等等。Lefebvre認為，當各種節奏協調一致時，行動者就處於「同步節奏」（eurhythmia）之中。

例如跑者在馬拉松比賽剛出發時，他一方面要抓到自己跑步的節奏，另一方面手腕上的運動手錶也會提醒他應有的配速，於是他就得在兩者之間取得一個均衡的同步。而當各種節奏協調並產生一種超越單純同步節奏的整體性效應，Lefebvre認為這就呈現出一種「等律節奏」（isorhythmia）。例如在過了30公里處，許多跑者都會疲累地進入撞牆期，但有好好練過節奏跑的跑者這時候反而能在這樣的壓力下維持速度，甚至因著內啡肽的分泌而不覺疲勞。

因此，為什麼跑者對於水站取水體驗會這麼在乎？因為我們不僅要放緩跑步節奏取水，更有可能因為邊跑邊喝而嗆到、導致跑步節奏中斷。某種節奏與整體節奏的協調出現問題的時候，就是所謂「異步節奏」（arrhythmia）的不穩定狀態。Lefebvre認為，異步節奏是一種相互干擾，其出現往往會提醒我們覺察生活中不同移動形式的存在。以我們平日在搭捷運移動途中使用手機看訊息為例，手機上的訊息流動是一種數位空間的移動，而我們在捷運站的行走則是一種物理空間的移動，倘若我們走到站內某個收訊不好的角落則手機訊息的流動就會被中斷，同理，我們也時常因為看到手機上傳來一則讓人驚訝的消息而停下腳步導致下班人流的暫時中斷；這就是物理移動與訊息流動之間的異步節奏。

回到馬拉松水站，跑者往終點直奔是一種物理移動，而環保減塑的政策卻讓水杯進入另一個循環使用的回收流動之中，這一來一往造成跑者的異步節奏，打亂了跑者原本的跑步節奏。於是乎，當主辦單位強制要求跑者使用矽膠杯裝水時，只見他踉踉蹌蹌地跑進水站，一邊喘氣一邊努力打開水樽開關，如果水快見底還得費力抬高水樽，這消耗的時間讓他焦躁地只想趕快把水灌進喉頭，然後回到賽道。因此，當跑者原本的跑步節奏為了取水而被打斷，他自然會抱怨這不好的取水體驗，然後立意良善的政策也讓主辦單位事後得面對各方批評，思索來年是否得取消這些環保作為。

所以啊，下次當我們要重新設計馬拉松水站的水杯時，除了讓它在回收上更環保，恐怕也得更多思考如何讓它與跑者的節奏同步化。不然總會立志行善，到最後卻徒呼負負。

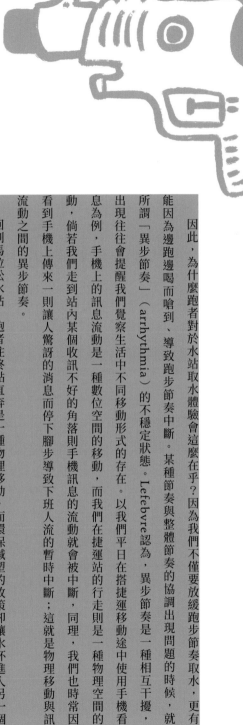

親愛的柏璋：

忙著忙著，春天就到了。由於上學期開始在靜宜大學兼課，我頻繁在新店與沙鹿移動著，生活也從自由業的時間中，被迫再抽出更多部分，跟著學期脈動。有時覺得這是種類似真菌的生活，一部分寄生在大學體系中汲取養分，另一部分，保有自由。這是種微妙的平衡。

人說韶光易逝真是中肯，每年到這時候，都覺得春天猝不及防，無聲無息，世界就已發展得無法追趕了。不知柏璋在春天有什麼想追趕的事物？剛有了寶寶，想必還是盡可能待在家裡體驗親子互動吧？

過去每年春天，我都想回到東北角看看沙丘上的海濱植物，已好久沒有成行了。

從新北市貢寮區的鹽寮至福隆海水浴場這一段，是由沙岩風化而成的金黃沙灘。多年來這色調讓我魂牽夢縈，倒不是因為沙雕或海洋音樂祭，就是為了沙丘本身。雖然許多海岸都有沙丘，但每處的組成是不同的。例如西部沙丘大多是灰色，北海岸的沙總帶著黑色的磁鐵礦。東北角那種金黃的沙，不只顏色美麗，搭配終年多雨的濕潤氣候，沙地上還長滿了各色野花，更增添了繽紛質感。若仔細看，植物縫隙中的沙地，還遍生著地衣，你能想像長了地衣的沙灘嗎？好像與這空間本質上的乾旱屬性背反，但這就是東北角的神奇之處。

許多特殊植物只長在東北角的沙丘上。幾年前林試所才努力從機具整地的壓力下搶救一種叫海米的稀有植物，這處沙丘隨後就成為重點保育區域，而附近社區也常常舉辦淨灘與走讀活動。或許正因為政府與在地的協力關注，原本一些面臨強大採集壓力的藥用植物，也終於獲得了一些喘息空間。

黃瀚嶢

生長於台北，在城市間隙發現觀察野地的樂趣，從此流連忘返。森林系畢業後，從事生態圖文創作與環境教育，經營粉專「斑光工作室」，靠著偶爾路過的靈光努力生存。

Orobanche coerulescens 列當

沙丘的植物為了避風抗旱，大多會用肥厚的根莖定錨在地底，只露出少許葉片，並盡可能貼伏在地表。大概那些地下根莖儲存了不少營養成分吧，許多都是民間喜愛挖掘的藥材。例如厚葉牽牛，以及俗稱「北沙蔘」的濱防風；又例如，神祕的列當。

列當是從小就在書上看到，非常想親眼見到的一種寄生植物，平時像真菌般潛伏在土中，只有開花才冒出地面。而其寄主是菊科的茵陳蒿，雖然茵陳蒿遍布全島，列當卻很稀少。每次我想在東北角以外的茵陳蒿叢中找列當，都一無所獲。以前據說整個東海岸都有列當，但大概早早就被中藥商採集一空了吧。

四月，終於排除萬難，在東北角看到了列當，就在沙丘深處的茵陳蒿叢裡，列當用夢幻的淡紫色迎接我。因應沙丘的乾燥，鮮嫩的花和褐色苞片全部都佈滿絨毛，整棵植株沒有一絲綠色，無須行光合作用，完全靠著吸收寄主養分。也不知在沙裡面醞釀了多久，列當才能抽出這麼肥壯的花序。

風與浪的淘洗下，沙丘的一切都如此不穩，像偶然湊起的因緣。但深深釘入沙中的植物，與越來越多深入在地的關注，應該還是穩定了一些什麼，讓我相信，只要能排出空檔，仍然可以年年看到東北角的黃金沙丘上，奇異的春景。

希望所有我們鍾愛的棲地都能如此。

列當只有開花時才會現身，全株披著毛絨，呈現奇異的淡紫與淺褐。據說能壯陽，因而全島族群都面臨巨大的採集壓力。

親愛的瀚嶢：

是沙丘與海濱植物的主題呀，一邊讀著，似乎都能聽見大海的聲音了。有了寶寶以後的生活，可說是太過充實，有種度年如日之感，連往日記憶也被稀釋了。為了追趕曾經的美好記憶，我和米奇排除萬難，帶上寶寶走了一趟竹苗地區的沙丘之旅。香山、竹南、後龍、通霄，沿著海岸一路南行，突然想起一位雪霸國家公園志工阿姐曾說白沙屯媽祖很喜歡小孩子，有機會可以帶寶寶跟媽祖認識一番。

白沙屯媽祖廟位於後龍與通霄交界，這裡不愧是觀光署統計苗栗地區全年旅客數最多的地方，又恰逢農曆三月媽祖誕辰，我們在如梭魚風暴般的人群中笨拙穿梭，好不容易才同寶寶完成參拜，便趕忙往宮廟後方的海灘走去。

海灘果然幽靜，令人心曠神怡。白沙屯北側有一條過港溪，這座海灘便是由過港溪沖積出的河口沙岸地形。據說每年東北季風將過港溪口的乳黃色砂石帶至此地持續堆積，才形塑此地「白沙屯」的地號。我抱著寶寶站上堤防，想看清這裡的沙灘是否真的色淺，目光卻被沿岸的雙色海水所吸引。

雙色海水，應是泥沙入海形成的吧？這些沙子就這麼隨風而來、隨水而去。或許沙丘太過隨興，棲息其間的植物並不多，馬鞍藤和海埔姜勉強在靠近陸地的沙丘邊緣生長著。也或許曾面臨龐大的採集壓力，理應大片生長的茵陳蒿罕見蹤影，更遑論列當了——這裡過去的確曾有列當出沒的紀錄，即便這聽起來就跟傳說沒兩樣。

白沙屯這裡還真流傳一則傳說：每年農曆三月媽祖誕辰，會有粉白色海豚浮出海面，為媽祖祝壽，被漁民及信眾封號「媽祖魚」。我不禁舉起望遠鏡，抱著一絲僥倖，開始搜尋沿岸海面上的動靜。

陳柏璋

熱愛山、攝影與書寫的野外咖，時常帶著相機與紙筆，在野地裡打滾整天。目前與一群好夥伴共創森之形自然教育團隊，試圖在人們心中埋下野性的種子。

Sousa-chinensis-taiwanensis 臺灣白海豚

望遠鏡的視野裡，全都是白花花的海浪。
或許，一隻白海豚就躲在浪裡。

媽祖魚——或稱為「臺灣白海豚」可能正式些，是IUCN（國際自然保護聯盟）判定為「極危CR」等級的稀有生物，個體數量甚至比黑熊、石虎都要少，加上牠與媽祖娘娘的特殊關係，堪稱神獸中的神獸，是活生生的傳說。

還記得我們高中時期喧囂一時的國光石化開發案嗎？那時因行政院長一句「白海豚會轉彎」，使原本默默無名的「中華白海豚」變得人人皆知。後來，鯨豚學家從形態特徵及分子證據上的差異，將台灣沿岸的白海豚族群認定為全新亞種，才有了「臺灣白海豚」這名字。

其實我很好奇，棲息於台灣海峽彼岸與此岸的白海豚族群，明明離得那麼近，海水裡也沒有地形阻隔，怎麼會有亞種之別呢？查閱資料才發現，白海豚大多只在距離海岸5公里、水深20公尺內的水域活動，尤其河口泥灘地周遭。白沙屯的雙色海，是沙與水交融之處、鹹水與淡水交匯之處，由豐厚營養鹽塑造的特殊棲地，正是白海豚鍾愛的棲身之所。西部沿岸的沙質淺海，有如一道依附著台灣島的細瘦稜線，是捉摸無形卻真實存在的地理屏障，臺灣白海豚依此生息、隔離演化。

看了半天毫無所獲，我收起望遠鏡，想像白海豚就躲在海面上那一道道白花花的浪濤裡，窺探著。記得有一句話是說，神獸其實離我們很近，只是我們看不見而已。

如你所說，希望所有我們鍾愛的棲地都能如此，都能好好孕育生靈。也希望貴為神獸、神草的那些神奇動、植物們，能夠庇護鍾愛環境的這些人類。

鹽分地帶的物件武林

OBJECT
OBJECT
OBJECT

每個物件自有它的武林，這些不起眼的小物，在沿海和鹽分地帶居民的日常生活中，卻有著不凡的意義。包裹著豐收的期許、信仰的虔敬與產業的支持，撐起三寮灣與蘆竹溝人的生存之道。

文字、照片——摘錄自《誌村鑑 ❷ 三寮灣、蘆竹溝》

椅凳

撰文・許維芯

椅凳是蘆竹溝居民必備的工具，製作眉角也與當地蚵產業有著深刻連結。低矮、坐著彷彿蹲下的椅凳，高度約20公分，適合替蚵殼打洞；而綁蚵繩串和鋟蚵仔則需要半個人高的椅凳，以便居民在長時間工作時倚靠。此外，除了普遍的塑膠材質，居民也會使用綁排仔（船筏）的膠條，以及綁蚵串的線，運用不同密度來自行編織出最舒適的椅凳，展現獨一無二的手工感。

放送頭 hòng-sàng-thâu

庄廟東隆宮虎邊服務台桌上，有一台連接到文化中心樓頂外擴喇叭的放送頭。作為全庄的訊息傳播中心，服務範圍包含政令宣導、通知居民拜拜等庄頭公共事務；若有其他需求者，像是每日進庄做生意的行動攤販們，則可以投下20元，稍待2秒連線後即擁有38秒的時間向居民宣傳。

撰文・陳致豪

藥籤

早期庄內居民若有醫療需求，會到東隆宮祈求藥籤，而後到庄內的漢藥房，便會拿出藥籤簿，調配對應號碼的藥方劑量。傳聞曾有人祈求治療眼睛，但是卻得到治筋骨的藥籤，沒想到隔一天果然就摔斷手。如今居民醫療習慣大多轉為西醫診所，藥籤櫃也久未開啟，前去藥房抓藥用途也大多是料理、調酒所用。

撰文．林柏旭

蚵仔車 li-á-khah

蚵仔車，也叫李阿卡（li-á-khah），源自日語音譯，幾乎每家每戶都有一台，是蘆竹溝村落的標誌圖像之一。除了是用於往返於潟湖、蚵寮之間的載運工具，日常生活中也會被用來載送物資，例如攜帶祭拜供品到海邊娘媽廟拜拜，或是中元普渡到公司（西天宮）去。蚵仔車的移動方式是將前端V字型的鐵管置於機車坐墊前端，一屁股坐上去，油門便可催落去。只是如何順利轉彎，或是不讓鐵管移位導致蚵仔車暴衝，那就得靠經驗了。

撰文．林柏旭

剪刀

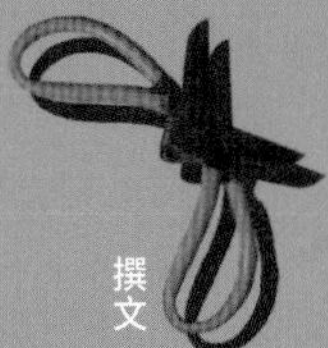

對蔥農來說，剪刀是收成時最重要的工具。橘紅色的弧形握柄和短短的刀刃有別於一般剪刀，較大的握柄讓剪刀開合的動作更輕鬆，短刀刃則讓使用者在剪蔥時可以更好操控。由於收成常是整天的事，便利的設計為蔥農省下不少力氣。

撰文．王璽

大信
水電
材料
行
03-9981232
U3-2281
U3 2281

VARICA
4970K2

地味手帖（17）

地方上的複合式精神

主編——董淨瑋
執行編輯——廖貽柔
特約文字——陳韋聿、李佳芳、林竹方、黃怜穎、謝欣珈、邱宗怡、王巧惠
特約攝影——施合峰、許翰殷、郭宛諭、李建霖、YJ
邀稿作者——柳婉玲、沈岱樺、每日青菜
撕貼畫合作—陳怡今
插畫合作——Susan Hung、奇亞子、米奇
專欄作者——林軒朗、陳佳琦、施佩吟、高耀威、黃書緯、黃瀚嶢、陳柏璋
封面設計——廖韡
內頁設計——安比

出版——裏路文化有限公司
發行——遠足文化事業股份有限公司（讀書共和國出版集團）
地址——新北市新店區民權路 108-3 號 8 樓
電話——02-2218-1417
傳真——02-2218-8057
Email——service@bookrep.com.tw
客服專線——0800-221-029

法律顧問——華洋國際專利商標事務所　蘇文生律師
印刷——凱林彩印股份有限公司
初版——2024 年 6 月
定價——400 元

EDITOR'S NOTE——執行編輯．廖貽柔

平常幾乎不會使用到「複合式」一詞的，要做這個題目時和朋友聊到他印象中的複合式店家，朋友答曰：「去寢具店拿股東會贈品算不算？啊，還有台鐵，一家兼營鐵路的便當公司？」哎呀，好像都算。複合式的意義何其廣泛，原來早已滲透我們的生活。既然如此，那麼那些捲動了地方能量的複合式經營，又長什麼模樣呢？想起很久以前，曾經訪問過一家獨立書店的老闆，他提到之所以辦活動，是他們認為推廣成人閱讀需要打造更慢、更能精讀的環境，而讀書會的效果是最長久的；既然要辦讀書會，就得有空間，於是咖啡區出現了。再來，書店想經營在地情感，因此也做很多文史工作。老闆那些呵護著長大的願望，以及這次許多受訪者的故事，讓我不禁覺得，說不定複合式的起心動念，真的是很單純的一件事——因為有很多很多想做的事，於是一件件去嘗試，一件件拼湊成真。

國家圖書館出版品｜CATALOGING IN PUBLICATION｜預行編目資料

地方上的複合式精神／董淨瑋主編．——初版．——
新北市：裏路文化有限公司出版：遠足文化事業股份有限公司發行，2024.06
面；　公分．——（地味手帖；17）
ISBN 978-626-98631-0-5（平裝）
1.CST: 社區發展 2.CST: 產業發展 3.CST: 創業

545.0933　　113006249